Elke Pupke

Spaziergänge durch die Usedomer Kaiserbäder

Ahlbeck · Heringsdorf · Bansin

mit historischen Abbildungen aus dem Archiv
von Bernd Keßler (Ahlbeck) und Fotografien
von Mandy Knuth (Heringsdorf)

HINSTORFF

Sportliche Betätigung im Herrenbade, 1910er-Jahre

Vorwort

Die drei Usedomer Seebäder im äußersten Nordosten Deutschlands – Ahlbeck, Heringsdorf und Bansin – gehen ineinander über. Acht der insgesamt zwölf Kilometer langen Strandpromenade ziehen sich ohne Unterbrechung, beginnend am Bansiner Fischerstrand, dort, wo die Steilküste endet, bis an die deutsch-polnische Grenze – und dann weiter nach Swinemünde. Sie ist damit die längste ihrer Art in Europa. Auf der deutschen Seite sind die Ortsgrenzen nicht gekennzeichnet, man muss also genau hinsehen. So ist der ursprüngliche Charakter der drei Seebäder an der unterschiedlichen Bebauung zu erkennen. Im »Volksbad Ahlbeck« und im vornehm-zurückhaltenden, »christlichen« Bansin waren es Fischer und Bauern, die am Ende des 19. Jahrhunderts Pensionen und Hotels zur Beherbergung von Sommergästen bauten. Sie schufen sich mit dem einsetzenden »Fremdenverkehr« ein zweites wirtschaftliches Standbein. In den »Modebädern« Heringsdorf und Swinemünde verbrachten unter anderem reiche Berliner Bankiers und Unternehmer schon einige Jahre zuvor ihre Sommerfrische in prächtigen Villen mit parkähnlichen Gärten.

Schon in den 1990er-Jahren wurde der Begriff »Kaiserbad« gelegentlich verwendet. Am 1. Januar 2005 fusionierten die drei Seebäder zu einer Verwaltungseinheit. Ob es nun der pommerschen Bodenständigkeit und Vernunft zu verdanken war, dass wegen fehlender Beteiligung ein Bürgerentscheid zur Umbenennung in »Ostseebad Kaiserbad« im Dezember desselben Jahres scheiterte, sei dahingestellt. 2006 jedenfalls wurden Ahlbeck, Bansin und Heringsdorf offiziell Ortsteile des »Ostseebades Heringsdorf«. Damals stellte man ökonomische Gründe über Ortsidentitäten, Heimatverbundenheit und Traditionspflege. Zu Werbezwecken verwendete die neu geschaffene Gemeinde jetzt regelmäßig den Beinamen »Kaiserbad«, was erstaunlicherweise auf Anhieb seinen Zweck erfüllte. Die Bezeichnung ist inzwischen deutschlandweit etabliert und wird von Tourismusunternehmen und in den Medien wie selbstverständlich verwendet. Man hat sich daran gewöhnt, wenn es auch für historisch bewanderte Zeitgenossen etwas befremdlich erscheint. Mit Kitsch und Protz und ohne jegliches Augenzwinkern wird einem Kaiser gehuldigt, der kaum Einfluss auf die Geschichte der nach ihm benannten »Kaiserbäder« genommen hat. Wilhelm II. und seine Familienangehörigen waren regelmäßig Sommergäste in allen drei Orten. Aber auch dessen Großvater, Wilhelm I., wird ahistorisch gehuldigt. In der Zeit, als sich die Fischerdörfer zu Seebädern entwickelten, wehten zwar auf den Strandpromenaden die kaiserlichen schwarz-weiß-roten Fahnen. Der Hang zur Nostalgie oder auch zur Verklärung der Geschichte scheinen jedoch heute sehr verbreitet zu sein.

Jedes der drei Seebäder vermochte es durch die Jahrzehnte hinweg, die Häuser aus seiner Gründungszeit, der Wilhelminischen Bäderarchitektur, zu bewahren und somit seinen jeweiligen eigenen Charakter zu behalten. In jedem Ort spürt man beim Betrachten dieser selten stilechten, aber dadurch auch völlig unterschiedlichen und oft wunderschönen Häuser die Geschichte ihrer Erbauer und ihrer Logiergäste.

Ein Spaziergang durch das Seebad Ahlbeck

Ahlbeck ist das nordöstlichste Seebad Deutschlands. Die Einwohner lebten jahrhundertelang von der Strandfischerei und der Landwirtschaft, seit Ende des 19. Jahrhunderts und bis heute hauptsächlich vom Tourismus.

Als aus den Fischern zunächst Bauherren und dann Tourismus-Unternehmer wurden, plante und baute man kein Luxus-, sondern ein Volksbad. Hier erholte sich der Mittelstand, Beamtenfamilien, die sich den Aufenthalt in den exklusiven Modebädern Heringsdorf oder Swinemünde nicht leisten konnten.

Von den Fischern, die Ahlbeck gründeten und prägten, ist heute leider nicht mehr viel zu sehen. Aber die Hotels und Pensionen, die diese als zweites wirtschaftliches Standbein geschaffen haben, sind zum großen Teil noch vorhanden und wurden zeit- und kostenaufwendig restauriert. Hinter den historischen Fassaden findet man heute luxuriöse Hotels oder Ferienwohnungen.

Von der berühmten Seebrücke aus kann man einen besonders schönen Blick über die Pommersche Bucht, auf den Hafen von Swinemünde und die Küste der Nachbarinsel Wollin im Osten, oder die Seebäder Heringsdorf und Bansin bis hin zur Steilküste im Westen genießen.

Mit voller Berechtigung führte Ahlbeck einen Aal im Wappen, auch wenn der Ort heute anders als dieser geschrieben wird, der schlangenförmige Fisch stand am Anfang des sehr beliebten und bekannten Seebades.

Schon auf der »Lubinschen Karte« Pommerns von 1618 tauchte der Name Aal-Beek auf. Lubin vermerkte in seinem Werk auch den Grund für diese Namensgebung: An der Mündung des fischreichen Baches war eine »Aalkiste« eingesetzt, ein durchlöchertes Behältnis, in dem gefangene Aale lebendig aufbewahrt wurden. Im Laufe der Zeit verwandelte sich der Name in Aalbecke, Aalbeck und wurde in einer Landkarte von 1780 schließlich als Ahlbeck bezeichnet.

In wendischer Zeit wurde dieser Wasserlauf, der, aus dem Gothensee kommend, in einem weiten Bogen durch Wald und Wiesen, dem Thurbruch, an dem alten Dorf Korswandt vorbei in die Ostsee floss, noch Lassovnisza, zu Deutsch Waldbach, genannt.

Der Urwald im Osten der Insel Usedom war vor dem Dreißigjährigen Krieg das Jagdgebiet der Pommernherzöge. Hier lebten Bären, Auerochsen (Thur), Wölfe und Hirsche. Wartislaw V.

Ehemaliges Wappen des Ostseebades Ahlbeck

Grenzstraße
Grenzstraße
Lindenstraße
L 266
Goethestraße
Rathenaustraße
15
Friedrich-Ebert-Ring
Friedrich-Ebert-Ring
Saarstraße
Saarstraße
Goethestraße
Dünenstraße
Promenade
1/Y
1/X
1/W
1/V
Bismarckstraße
Goethestraße
Ritterstraße
14
12
13
Dünenstraße
Seestraße
Jägersberg
Dreherstraße
Ritterstraße
Friedrichstraße
16
11
Karlstraße
Kurstraße
Karlstraße
Kaiserstraße
Ahlbeck Ostseetherme
Lindenstraße
Gothenweg
Ritterstraße
Friedrichstraße
An der Furt
17
Seestraße
Neue Straße
Beeckstraße
Lindenstraße
Beeckstraße
Beeckstraße
Lindenstraße
18
19
Friedrich-Schiller-Straße
Ahlbeck
Wiesenstraße
Am Wiesengarten
Lindenstraße
L 266
Waldstraße
Wiesenstraße
Europäische Gesamtschu
Insel Usedom
Bahnhofstraße
Seebad Ahlbeck
Kleingarte

1 Haus Irmi und ehemalige Wassermühle
2 »Söhne für den Kaiser«
3 Galerie Köpp
4 Hotel Ostender Tor
5 Auf der Promenade weiter Richtung Osten
6 Jugendferienpark und Europäische Begegnungsstätte der Sportjugend Berlin
7 Das Badewesen
8 FDGB-Erholung zu DDR-Zeiten
9 Die Ahlbecker Seebrücke
10 Die Jugendstiluhr
11 Villen aus der Gründungszeit
12 Der Ahlbecker Hof
13 Fischerei
14 Hotels, Villen und Pensionen
15 Der Westen Ahlbecks
16 In der See- und Lindenstraße
17 Villa Ernst
18 Lindenstraße
19 Die Ahlbecker Schule
20 Die Ahlbecker Kirche
21 Der Kurpark
Fernglas
Seebrücke Ahlbeck
Heringsdorf
1/P
1/O
1/M
1/L
1/K
1/J
1/I
1/H
1/G
1/F
1/E
1/D
Dünenstraße
Promenade
Schulzenstraße
Strandstraße
Schulweg
Talstraße
Fischerweg
Heimstraße
Bergstraße
Promenade Dünenstraße
Kieferngrund
Alter Sportplatz
Siedlung Ostend
Pommernstraße
Wolliner Straße

ließ ein Jagdhaus am Zirowberg errichten, das erste feste Haus, das im Bereich des heutigen Ahlbecks erbaut wurde. Die Ruine stand noch lange dort, deshalb wurde das Gebiet von der Bevölkerung als Aldehusen (altes Haus) bezeichnet.

Es waren bewegte Zeiten im 17. und 18. Jahrhundert, durch Kriege und Seuchen war das Land verwüstet und fast entvölkert, Macht- und Besitzverhältnisse änderten sich häufig. Nach dem Dreißigjährigen Krieg war die Insel rund siebzig Jahre hindurch schwedisch und kam 1720 im Frieden zu Stockholm an Preußen.

Auch das Gebiet am Aalbach wechselte häufig die Besitzer – genauso oft wie das Gut Mellenthin, zu dem es gehörte, und das Schloss, in das immer wieder neue Herren einzogen. Die erste feste Ansiedlung am Aalbach war eine Wassermühle, die Michael Agner 1700 auf dem Land des Grundbesitzers von der Lühne 200 Meter landeinwärts der Bachmündung errichtete. In seinem Antrag zu diesem Bau bezog er sich auf eine Kornmühle, die in »alten Jahren« an dieser Stelle gestanden haben soll, zu der es aber keine Belege gibt.

Wenig später ließen sich der Teerbrenner Ulrich Almann und der Fischer Andreas Larsson, ein aus der schwedischen Armee entlassener Soldat, in der Nähe nieder. Letzterer lieferte allein für die Pacht dem Gut Gothen jährlich 1 200 Aale, der Fischfang war also offensichtlich erfolgreich und der Aalbach trug seinen Namen zu Recht.

Diese kleine Siedlung befand sich im Bereich der heutigen Talstraße, zwischen Schulzenstraße und Fischerweg.

Luftbild des Ostseebades Ahlbeck, um 1930

Haus Irmi und ehemalige Wassermühle ❶

Wir beginnen unseren Spaziergang in der Mitte der Schulzenstraße, am Haus Irmi. Auf diesem Anwesen hatte Andreas Larsson, der erste Fischer am Aalbach, sein Haus gebaut. 1706 wurde dort ein Schneidermeister namens Held erwähnt und 1898 eröffnete der Bäckermeister Ludwig Blunck die noch heute bestehende Bäckerei.

Gegenüber dieser Adresse stand die Wassermühle. Sie wurde als Getreidemühle und nach entsprechenden Umrüstungen auch als Sägewerk betrieben. Für den Ausbau des Swinemünder Hafens wurde Bauholz benötigt und am Aalbach wurden hauptsächlich Stämme für die Stabilisierung der Kaimauern bearbeitet. Da gehörte die Mühle aber schon Jacob Ludwig Funk. 1748 vernichtete ein Brand die Mühle und auch das Wohnhaus des Krugwirtes Martin Freude, der inzwischen dort wohnte. Beide Bürger siedelten daraufhin nach Swinemünde um, von der künftigen Hafenstadt erwarteten sie ein besseres Einkommen. Am Aalbach entstand eine neue Mühle, vom Pächter Johann Eggert ebenfalls als Sägemühle betrieben.

Nach Osten, in Richtung Strandpromenade, verläuft die Strandstraße, hier floss, wie eingangs erwähnt, einst der Aalbach aus dem Thurbruch kommend in die Ostsee. Dieser Wasserlauf wurde jedoch durch die florierende Arbeit der Mühle, die einen größeren Wasserstau erforderte, behindert. Das führte zu Überschwemmungen im Thurbruch, was die Existenz der Bauern dort ernsthaft bedrohte. Friedrich II., der großes Interesse an

Haus Irmi in der Schulzenstraße 21, 2017

der Sicherung der Landwirtschaft und der Regulierung des Thurbruchs hatte, löste das Problem 1771, indem er die Mühle kaufen und das Mahlwerk entfernen ließ. Ehemalige Soldaten, die im Bereich der heutigen Lindenstraße angesiedelt wurden, mussten den Aalbach ständig reinigen und sorgten dadurch für einen regulierten Wasserhaushalt im Thurbruch.

Der Bach wurde später in Röhren verlegt, seine Mündung versandete. Nach starken Regenfällen erinnern aber noch heute Überflutungen im Bereich der Strandstraße und der Schulzenstraße an die Existenz des Wasserlaufes, dem der Ort seinen Namen verdankt.

Das Mühlhaus, ohne Mahlwerk überflüssig geworden, wurde nun mehr und mehr als Wirtshaus genutzt. Zeitweise diente die Gaststube vormittags als Schulraum. Es war der Treffpunkt des zweigeteilten Ahlbecks.

Etwa zwischen der Bäckerei Blunck und der Talstraße befand sich der immer noch dünn besiedelte ältere Teil – Adlig-Ahlbeck genannt. An der nordwestlichen Seite des Aalbaches, im und am Königlichen Forst, zwischen heutiger Wilhelmstraße, Kirchstraße und Schulzenstraße hatten sich inzwischen ebenfalls einige Familien angesiedelt. Diese Gemeinschaft bestand 1765 schon aus sieben Haushalten, hatte einen eigenen Schulzen und nannte sich Königlich-Ahlbeck.

Am Ende des 18. Jahrhunderts gab es insgesamt 18 Hausstellen in beiden Dörfern, 1826 wurden 68 Familien genannt und 1834 waren es bereits 309 Einwohner. 1841 lebten auf adliger Seite 41 und im königlichen Teil 32 Familien.

Beide Siedlungen blieben, obwohl sie das Wirtshaus als Treffpunkt nutzten, noch für Generationen getrennte, unabhängige Orte, deren Bewohner friedlich nebeneinander lebten.

Alt-Ahlbeck, Fotografie um 1900

»Söhne für den Kaiser« 2

Weiter geht es nicht durch die Strandstraße, sondern eine Querstraße weiter, in die Talstraße. Als erste »Ahlbecker« erscheint in Dokumenten die Familie Parl, die 1752 am östlichen Ende der Talstraße ein Haus erbaute.

In der Talstraße 1 wohnte der Schneidermeister Ferdinand Egelinski, »Der kindereichste Vater der Welt«, wie er auf einer Postkarte von 1912 bezeichnet wurde. Er zeugte zwischen 1888 und 1913 mit zwei Frauen 33 Kinder. Für diese »großartige« Leistung bekam er – und nicht die beiden Mütter – eine persönliche Audienz beim Kaiser, wurde dort fürstlich bewirtet und erhielt ein Geldgeschenk sowie eine goldene Uhr. Der Kaiser erkundigte sich nach seinen persönlichen Verhältnissen und seinen Kindern, besonders den Söhnen, von denen bereits welche beim Heer und in der Marine dienten. Es war der Vorabend des Ersten Weltkrieges, der Kaiser brauchte Soldaten. Die Spuren der Familie verlieren sich in Swinemünde, wo noch das 34. Kind geboren wurde.

Nach ihm wurde später auch eine unweit liegende Straße in Ahlbeck benannt.

Schneidermeister Ferdinand Egelinski aus Ahlbeck, »hatte die hohe Ehre, von S.M. Kaiser Wilhelm II. nach Berlin befohlen und im Königlichen Schloss empfangen zu werden.«

Galerie Köpp ❸

Etwas entfernt findet sich die Galerie von Volker Köpp, ein kleines Häuschen mit einem wunderschön blühenden Sommergarten und einer kleinen Gartenlaube. Es ist eines der ganz wenigen alten Fischerhäuser, welche schon 1834 hier erwähnt wurden.

Im April 1989 eröffnete in diesem Haus eine Gruppe engagierter Ahlbecker Bürger die Heimatstube mit einer Ausstellung zur Ortsgeschichte. Ein Sonderteil wurde der Ahlbecker Freiwilligen Feuerwehr gewidmet, die in dem Jahr ihr 90-jähriges Bestehen feierte.

Der Ahlbecker Maler Volker Köpp kaufte das Haus 2002 und ließ es zur Galerie umbauen. Diese dokumentiert anschaulich Vielfalt und Können des Künstlers. Er wurde im Jahre 1953 in der Stadt Usedom geboren und wuchs als Sohn eines Lehrerehepaares in Ahlbeck auf. Nach einem Studium an der Hochschule für Bildende Künste in Dresden zog es ihn 1981 zunächst wieder zurück nach Ahlbeck, 1989 jedoch nach Westdeutschland, wo er in Osnabrück an einer Volkshochschule lehrte, was die Bandbreite seines Schaffens förderte. 1993 kehrte er nach Ahlbeck zurück. Jetzt boten sich ihm auch hier die lang ersehnten Freiräume. Köpp setzt sich heute künstlerisch vor allem mit der Usedomer Landschaft auseinander, bevorzugt aber auch Motive der hiesigen Bäderarchitektur.

Altes Fischerhaus in der Schulzenstraße 17

Hotel Ostender Tor ❹

Hinter dem roten Haus mit der Nr. 1 gelangt man in den Fischerweg, dann auf dem kurzen Plattenweg zwischen Apartmenthäusern hindurch zur Strandstraße.

Am Platz »Ostender Tor« kommen wir auf die Strandpromenade. Rechterhand befindet sich der Ortsteil »Ostende«. Das gleichnamige Hotel errichtete Friedrich Grünberg um 1900, in einer Werbeanzeige aus dem Jahre 1910 heißt es dazu:

»Hotel Ostende in Ahlbeck, (...) in herrlich schöner Lage unmittelbar an der See und am Walde mit freier meilenweiter Aussicht auf das Meer

Elegante Restaurations- und Speisesäle, Konditorei; 50 komfortabel eingerichtete Zimmer und Salons mit und ohne Pension. Zimmer von 15 bis 50 Mark pro Woche.«

Der Unternehmer Grünberg verpachtete sein Hotel ab dem Jahre 1911 an den Deutschen Buchhändlerverein. Anfang der 1930er erwarb schließlich der Deutsche Beamtenverein das Ahlbecker Haus. Nach dem Zweiten Weltkrieg wurde es wie viele andere Beherbergungsbetriebe zum Heim des Freien Deutschen Gewerkschaftsbundes (FDGB) – die älteren Ahlbecker kennen es unter dem Namen Philipp Müller. Erst in den vergangenen Jahren wurde der Platz vor dem Hotel Ostende neu und attraktiv gestaltet.

Das Hotel Ostender Tor am gleichnamigen Platz ließ Friedrich Grünberg errichten.

Auf der Promenade weiter Richtung Osten 5

Um 1900 begann man, auch das östlich von hier gelegene Dünengelände zu erschließen – zunächst Neu-Ahlbeck genannt. Bis 1914 entstanden die eleganten, vom Jugendstil geprägten Villen mit Zugängen vom Villenportal direkt auf die Promenade.

In östlicher Richtung, auf dem stillen Teil der Ahlbecker Promenade, finden sich hinter dem Strandhotel, das ursprünglich Haus Meereswarte hieß, dann vom Freien Deutschen Gewerkschaftsbund der DDR Erholungsheim Max Kreuziger genannt und 1973 durch ein Bettenhaus im Plattenbaustil verunstaltet, viel Grün und auffallend schöne, pastellfarbene Villen.

Vorbei geht es an der Villa Heimdall, in der Thomas Mann im Sommer 1924 mit seiner Frau Katharina, den Töchtern Erika, Monika und Elisabeth sowie dem Sohn Klaus einen Kurzurlaub verbrachte. Die Manns waren von Hiddensee gekommen, wo sie bis Ende Juli bei Gerhart Hauptmann in dessen »Haus am Meer« wohnten. Thomas Mann setzte in Ahlbeck seine Arbeit am Werk »Der Zauberberg« fort, welche bereits zwölf Jahre in Anspruch genommen hatte und Ende 1924 im S. Fischer Verlag erscheinen sollte. Wieder zurück in München schrieb der Literat am 28. August über den schweren Abschied von der See:

»Die Kinder schieden von der See mit wahren Schmerzen, die Kleinen wie die Großen, genau wie einst ich. (...) Ich habe nach dem Morgen-Bade, das ich herrlich finde, stets stramm gearbeitet. (...) Der ›Zauberberg‹ hat einen großen Schritt gegen das Ende gemacht. Ich rechne mit dem Finis Ende Oktober.«

Haus Meereswarte in der Ahlbecker Dünenstraße 27, Postkarte

Jugendferienpark und Europäische Begegnungsstätte der Sportjugend Berlin 6

Im Kiefernwald vermischt sich würziger Duft mit Seeluft, man hört das Meer rauschen, sieht es aber nicht. Rechts stehen auf sanften Hügeln flache rotbraune Holzhäuser, die mit ihren weißen Fensterrahmen eher skandinavisch wirken. Heute gehören sie zu einem Jugendferienpark, der, 1912 als Kaiser-Wilhelm-Kinderheim erbaut, im Mai 1913 von Wilhelm II. persönlich eingeweiht wurde und der Erholung von Kindern aus sozial schwachen Familien diente.

Auch während der DDR-Zeit war die Anlage ein Kinderferienlager. Das Pionierlager trug den Namen Bolesław Bierut. 1992 kaufte es der Landessportbund Berlin unter Präsident Peter Hanisch von der Treuhand, sanierte es bis 1998 für fünf Millionen DM und führt es seitdem als Jugendferienpark der Sportjugend.

Das Hotel Waldoase dahinter, wie der Name sagt, zwischen Bäumen gelegen, wurde im Jahre 1914 von der Berliner Siemens & Halske AG als Siemens-Antonien-Arbeiterinnen-Erholungsheim errichtet und galt als eine der modernsten Erholungsanlagen Deutschlands.

Noch weiter östlich, bis zum deutsch-polnischen Grenzübergang mit Sonnenkollektoren und geschwungenen Betonsäulen, erstreckt sich nur noch Wald. Auf der linken Seite, zwischen Promenade und Dünen stehen die schlanken Stämme der hohen Kiefern, dazwischen raues Gras und hin und wieder führt ein schmaler Sandweg zum Strand. Rechts finden sich auch kleine Buchen und Birken, dazwischen kleine Holzhäuschen, die in dem wunderbar verwilderten Waldgebiet im Sommer kaum zu sehen sind.

Das Kaiser-Wilhelm-Kinderheim, heute Jugendferienpark und Begegnungsstätte, Postkarte

Das Badewesen ❼

Zurück geht es nun wieder in den belebteren Teil Ahlbecks, Richtung Zentrum. Im Gegensatz zu den anderen Seebädern auf Usedom beginnt westlich des Hotels Ostende eine Straße – die Dünenstraße – zwischen der Promenade und den Häusern. Diese wurde von den Erbauern der Villen angelegt, waren sie doch Handwerker und Fischer, die direkte Grundstückszufahrten benötigten. Heute dient sie hauptsächlich als Radweg und ist nur noch eingeschränkt für den Pkw-, Zulieferer- oder Linienverkehr freigegeben.

Die ersten Badegäste kamen 1852: Der Gutspächter Holtz aus Stolpe bei Usedom schickte seine Töchter nebst Zofe nach Ahlbeck, *»um die gesunde Luft am Meer zu genießen und im Meer selbst zu baden«*, und gab ihnen auch eine Fuhre Rohr zur Errichtung einer Badehütte mit, in deren Schutz sie sich am Strand aus- und umkleiden konnten. Die Idee blieb nicht ohne Wirkung: 1858 errichteten die Ahlbecker ein rohrgedecktes Badehaus für ihre Gäste. 1864, inzwischen hatten schon rund sechzig Familien aus Berlin und aus Stettin hier ihre Sommerfrische verbracht, wurden die ersten Badeanstalten, ein Herren- und ein Damenbad am Ahlbecker Strand aufgestellt. Die ursprünglich hölzernen Zellen auf Pfählen wurden aber 1872 durch eine Sturmflut zerstört.

Zu Beginn des 20. Jahrhunderts, Ahlbeck hatte sich einen Namen als »das deutsche Familienbad an der Ostsee« gemacht, konnte der Gast im Ahlbecker Badeanzeiger lesen:

Postkarte des Familienbades Ahlbeck, um 1900

Ein Blick ins Damenbad, nachkolorierte Postkarte

»Zu Badezwecken stehen zur Verfügung für kalte Seebäder 2 Damenbäder mit zusammen 128 Zellen und 2 Herrenbäder mit 134 Zellen, die von früh bis mittags 1 Uhr für Herrschaften, nachmittags für das Dienstpersonal geöffnet sind.«

Auf die konsequente Einhaltung der Badeordnung achteten nicht nur die Bademeister, es gab auch Badepolizisten, die am Strand patrouillierten. Und natürlich fanden sich auch überall »Sittenwächter«, die um die »deutsche Schamhaftigkeit« fürchteten.

Ein *»Alter Herr und Familienvater, der viele Ostseebäder bereist hat«* argwöhnte in einem Brief, der im Wolgaster Anzeiger am 19. August 1879 zu lesen war:

»Wenn Damen und nicht nur Frauen, sondern auch kaum erwachsene junge Mädchen, anstatt oben auf der Düne, mit Vorliebe unten am Herrenbade langsam vorübergehen und sich daselbst hinsetzen und die badenden Herren betrachten, so ist das ihre Sache, sie mögen sich mit ihrer Schamhaftigkeit selber abfinden. Wenn aber trotz der am Damenbade aufgestellten Warnungstafel Männer, junge und alte, unbehindert direkt am Damenbade vorübergehen und die badenden Damen mit und ohne Operngläser betrachten, so erfordert das wohl ein Einschreiten der Bade-Direction.«

Dann schildert der Moralapostel weiter seine Eindrücke von der verderbten Menschheit:

»Heute vormittag sah ich einen Photographen seinen photographischen Apparat am Damenbade aufstellen. Ich eilte entrüstet hinzu und fragte ihn, ob er die badenden Damen photographieren wolle. Er antwortete, er wolle es nicht eher tun, als bis er die Erlaubnis dazu bekommen habe, da hier die Damen zu schreien anfangen würden, während er in Ahlbeck ungehindert ins Damenbad gehe und photographische Aufnahmen mache. Ich weiß nicht, ob diese Dinge der Ba-

Strandpartie im Herrenbad, Postkarte um 1900

de-Direction bekannt sind. Ich glaube wohl, daß die geehrte Direction verpflichtet ist, solchen Vorkommnissen durch geeignete Maßnahmen entgegen zu treten und dafür zu sorgen, daß die aufgestellten Tafeln am Damenbade von den Männern respektiert werden. Vielleicht veröffentlicht die geehrte Direction diesen Brief und führt sowohl Männlein und Weiblein zu Gemüte, was deutsche Schamhaftigkeit gebührt.«

Die Behörden hielten offenbar die Herren für neugieriger als die Damen. Jedenfalls richteten sich die üblichen Warnschilder nur an männliche »Voyeure«, die von der Frauenbadeanstalt ferngehalten werden sollten. Wo bleibt da die Gleichberechtigung, dachte sich offenbar die Ahlbecker Männerwelt, als sie entgegen den üblichen Gepflogenheiten ein Verbotsschild aufstellte, das sie vor ungebetenem Besuch aus der Damenbadeanstalt schützen sollte.

Über die »genierlichen« Herren und die »empfindlichen Geldstrafen« wunderte sich anno 1893 auch der Redakteur des Wolgaster Anzeigers:

»Ein seltsames Verbot bildet seit einigen Tagen im Seebade Ahlbeck, wie uns von dort geschrieben wird, das Tagesgespräch. In der Nähe des Herrenbades prangt seit kurzem eine Tafel, welche den Damen verbietet, sich in einem Umkreis von 75 Metern in der Nähe des Herrenbades blicken zu lassen. Dies wunderliche Zeugnis für die Sittsamkeit der Ahlbecker Herrenwelt hat folgende Vorgeschichte: Auf Grund des gleichen amtlichen Verbotes, das für das Damenbad seit jeher gilt, wurden in diesem Jahre mehrere Herren wiederholt mit recht empfindlichen Geldstrafen belegt. Als sich zwei der schönen Denunziantinnen in der Nähe des Herrenbades zeigten und vergeblich weggewiesen wurden, beschlossen die Herren die Anbringung vorerwähnten Plakates.«

1923 führte Bansin als erstes deutsches Seebad das Freibaden ein. Nun durfte der Gast auch außerhalb der Badeanstalten in die Ostsee gehen, was zwar allerorten Empörung hervorrief, da es gegen die herrschenden Sitten verstieß, aber die Aufwendungen zum Erhalt der hölzernen Badeanstalten minderte. 1930 existierte in Ahlbeck nur noch das Herrenbad und im »Führer durch Ahlbeck, Seebad auf Usedom, 1931« hieß es:

»Kalte Seebäder im offenen Meer können frei von dem (...) steinfreien Strand aus genommen werden. Wer nicht frei baden will, kann solches im Bad tun (...). Sonst kann jeder Gast in größtmöglichster Freiheit unter Wahrung der allgemeinen Anschauungen über Sitten und guten Ton seiner Erholung leben.«

In der Mitte des 19. Jahrhunderts entdeckte der Berliner und Stettiner Mittelstand, Gäste, die sich die teuren Hotels in Swinemünde und Heringsdorf nicht leisten konnten, das Fischerdorf. 1870 hatte Ahlbeck schon 800 Badegäste, aber noch keine Pensionen, sodass sie bei den Fischern in kleinen Häusern wohnen mussten. Der Schriftsteller Johann Christian Koch beschreibt die Unterkünfte:

»An Luxus darf man gar nicht und auf Comfort nur wenig rechnen, das Dorf hat nichts, als das Meer, die Dünen, den Wald, sandige Getreidefelder, saftige Wiesen, schilfbedeckte Hütten und biedere Bewohner. (...) Man wohnt in beschränkten Räumen, welche die Fischer mit den Badegästen teilen. Oft ziehen erstere auch ganz aus ihrem Hause und nehmen im Stalle Quartier. Ein Stübchen mit weißer Kalkwand (doch auch hie und da gemalt und tapeziert), nicht sehr groß und hoch, nebst Schlafkammer nimmt uns gastlich auf. Die Pritsche, welche sich als Canapé maskiert, die Stühle, der Tisch, die Kommode sind einfach und reinlich.

Betten pflegt sich der Gast gewöhnlich selbst mitzubringen und der Wirt liefert die Bettstelle. (...) Einfach und sauber sind die Wohnungen, voll von Sonnenschein und Seeluft. Hinter dem Spiegel

Ahlbecker Villen auf einer Postkarte, um 1900

Pommern Residenz mit Fischstube, 2018

steckt ein schmucker Birkenzweig und über der Haustür prangt zum festlichen Empfang des Gastes eine Eichenlaubgirlande.«

Ab den 1860er-Jahren begannen dann eine zögerlich voranschreitende Modernisierung und Erweiterung der alten Fischerhäuser mit Spitzgiebeln, Schleppdächern und vorgesetzten offenen Holzveranden sowie vereinzelt der Bau villenartiger Gebäude.

Die Villen in dieser Reihe entstanden am Ende des 19. Jahrhunderts, erbaut von Einheimischen zur Aufnahme von Fremden. Im Sommer 1872 sind in Ahlbeck 48 Hausbesitzer angegeben, die Badegäste aufnehmen. Der Mietpreis für vier Wochen lag zwischen 12 und 40 Talern.

Das Haus Pommern zum Beispiel wurde von der kinderreichen Familie Will errichtet, die, aus einfachen Verhältnissen stammend, den Aufbau des Seebades wesentlich mitgestaltete und deren Nachkommen noch heute in Ahlbeck ansässig sind. Der Baustil entsprach der Architektur der spätpreußischen Phase und besonders der Wilhelminischen Bäderarchitektur. Bis in die 1990er-Jahre blieb diese historisch gewachsene Gebäudestruktur in Ahlbeck ohne große Veränderungen erhalten.

1885 zählte der Ort 3000 Badegäste, 1898 schon 14575. Zu dieser Zeit hatte Ahlbeck 1800 Einwohner und der Ausbau der Infrastruktur war mit 400 Gebäuden im Prinzip abgeschlossen. Die Gäste kamen hauptsächlich aus der stetig anwachsenden wohlhabenden Mittelschicht. In den letzten Jahren des 19. Jahrhunderts war Ahlbeck das modernste und meistbesuchte bürgerliche Seebad Deutschlands.

Segeltörn auf der INA-MARIE mit Urlaubern, 1930er-Jahre

Fototermin auf Strandboot, 1930er-Jahre

Die Strandboote der Fischer waren auch um 1930 beliebte Urlaubsmotive.

Im Jahre 1900 verbrachte die Schweizer Bankiersgattin Olga Frey die Sommerfrische in Heringsdorf. Ausführlich schilderte sie später ihren Eindruck von Ahlbeck und verglich den Ort mit den anderen Bädern:

»Bald wird es uns hier draußen zu windig und wir machen lieber noch einen Spaziergang, und zwar nach Ahlbeck zu. Dieser Badeort hängt ganz eng mit Heringsdorf zusammen; wenn man auf der Promenade hinauswandert, hält man die ganze Strecke zu einem Gemeinwesen gehörend. Nur der schwarz-weiße Grenzpfahl belehrt uns, daß hier die Gemeindegrenze durchgeht und daß hier eine andere Obrigkeit befiehlt. Die Villen und Pensionen sind hier draußen ganz ebenso schön, wie bei uns drüben. Auch hier laden vier Badeanstalten zum Besuch ein und ein kleiner Seesteg führt ins Meer hinaus. Nach der Seeseite hat der Ort einen ganz eleganten Anstrich, an Waldpromenaden fehlt es auch hier nicht.

Ganz anders sieht der Ort von der Südseite betrachtet aus; das sieht man am besten von der Eisenbahnlinie nach Swinemünde. Die elegante Strandpartie ist nicht sichtbar, wohl aber die vielen ärmlichen Fischerhütten. Dem Kurgast ist hier fast das Gleiche geboten wie in Heringsdorf; nur bezahlt er dafür weniger Kurtaxe; auch die Wohnungspreise stellen sich hier billiger. Ansichtspostkarten kosten hier die Hälfte wie in Heringsdorf. Es ist der Badeort deswegen stark besucht und hat er erst in den letzten Jahren den großen Aufschwung genommen. Man rechnet, daß jeden Sommer 10–12000 Gäste mehrere Wochen hier weilen.«

»Gruss aus Ahlbeck«, Fotos aus einer Serie von 1912

Familien am Ahlbecker Strand. Fotoserie »Gruss aus Ahlbeck«, 1912

FDGB-Erholung zu DDR-Zeiten 8

An der Ecke zur Schulzenstraße bietet ein Gebäude einen traurigen Anblick und wartet dringend auf seine Restaurierung. Es veranlasst besonders Gäste aus den alten Bundesländern, ihrer Umgebung zu erklären: »So sah es hier überall vor 1990 aus.« Auch wenn das reichlich übertrieben ist, was den Zustand des Hauses betrifft, das »HdE« (Haus der Erholung) ist tatsächlich ein typischer DDR-Bau.

1957 nach zweijähriger Bauzeit eröffnet, diente es dem Freien Deutschen Gewerkschaftsbund (FDGB) hauptsächlich als Großverpflegungsstätte für rund 800 Urlauber täglich, außerdem enthielt es Klubräume und eine Bar für 300 Urlauber. Im Winter stand der Saal für Veranstaltungen zur Verfügung, besonders für den auch überregional bekannten und beliebten Ahlbecker Karneval. Auch die FDGB-Feriendienst-Objektleitung des Seebades war im HdE untergebracht.

Verpflegt wurden hier hauptsächlich die FDGB-Urlauber, die in den zahlreichen Privatunterkünften wohnten. 1983 hatten in Ahlbeck 250 von insgesamt 2085 Haushalten Verträge mit dem FDGB. Da die Ostseeküste als Staatsgrenze galt, konnten Anordnungen erlassen werden, die es den Einwohnern verboten, sich ihre zahlenden Gäste selbst zu suchen. So waren sie praktisch gezwungen, die Ferienunterkünfte dem FDGB-Feriendienst anzubieten. Was allerdings durchaus lohnend war, denn dieser zahlte acht bis zwölf Mark pro Bett und Nacht bei gelieferter Bettwäsche.

Der FDGB hatte sich 1945 als Dachorganisation der Einzelgewerkschaften gebildet. Im März 1947

Das Haus der Erholung (HdE) wurde 1957 eröffnet.

beschloss dessen Bundesvorstand die Gründung eines »Feriendienstes der Gewerkschaften« mit der Zielstellung der »Erhaltung und Pflege der Arbeitskraft der Werktätigen als wichtigste Aufgabe des Gesundheitsschutzes«.

Die Vergabe der Ferienplätze geschah über sogenannte Ferienschecks, die in den Betrieben an die Gewerkschafter verteilt wurden. Wollten FDGB-Mitglieder mit der Gewerkschaft oder dem Betrieb verreisen, so erkundigten sie sich bei der Gewerkschaftsleitung ihres Betriebes nach den Urlaubsangeboten und beantragten für die gewünschte Reise einen Ferienscheck. Dieser Anrechtsschein legte den Urlaubsort, die Unterbringung und den Zeitpunkt der Reise fest. Er wurde staatlich und gewerkschaftlich teilfinanziert, der Arbeiter zahlte 30 bis zuletzt 150 Mark für dreizehn Tage Urlaub einschließlich Vollverpflegung.

Allerdings spielte der Preis nur eine geringe Rolle. Aufgrund der sehr eingeschränkten Reisemöglichkeiten der DDR-Bürger überstieg der Bedarf an Ferienplätzen, besonders an der Ostsee, ständig das Angebot. Die Zahl der FDGB-Heime auf Usedom nahm von sieben (1949) auf 57 (1950) zu. Hinzu kamen trotz akuter Wohnungsnot zahlreiche Privatquartiere, die vom FDGB angemietet wurden und vielen Einwohnern einen lukrativen Nebenverdienst ermöglichten.

Im März 1950 wurde die Wolgaster Brücke wiedereröffnet. Damit war eine wichtige verkehrstechnische Voraussetzung für den Urlauberverkehr geschaffen, obwohl es keine Bahnanbindung über diese Brücke gab und auch die Eisenbahnbrücke bei Usedom zerstört war. Die Gäste fuhren mit der Bahn bis in die Stadt Wolgast, schleppten ihre Koffer über die zwei Brücken und konnten auf der Insel wieder in eine Bahn einsteigen. Dennoch hielten sich auf Usedom bereits wieder mehr als 75 000 Urlauber und Kurgäste auf, womit die Gästezahlen der Vorkriegszeit nahezu erreicht waren.

Trotz bevorzugter Versorgung der FDGB-Gäste gestaltete sich die Verpflegung noch als sehr schwierig. Umso intensiver und abwechslungsreicher erfolgte die kulturelle Betreuung der Urlauber. Von den Kurverwaltungen oder dem Feriendienst organisiert, fanden in der Saison regelmäßig hochrangige Veranstaltungen statt. Sehr beliebt waren die Konzerte bekannter Orchester der DDR und aus dem sozialistischen Ausland in den Musikpavillons an den Strandpromenaden. Schlagerstars und Rockgruppen gastierten im Heringsdorfer Kulturhaus, auf der Ahlbecker Seebrücke oder im Bansiner Haus Meeresstrand.

Ein dichtes Netz von Kinos wurde aufgebaut, das Lichtspielwesen erreichte seinen Höhepunkt mit den alljährlichen »Sommerfilmtagen«. Am Strand fanden zahlreiche Sportveranstaltungen statt, z. B. Volleyballturniere und tägliche Strandgymnastik, Strandburgenwettbewerbe und Neptunfeste für die Kinder.

Noch in den 1950er-Jahren waren auch Bootsfahrten auf der Ostsee sehr beliebt. Am Strand konnte man Ruderboote ausleihen, einfache Segelschiffe oder umgebaute Fischerboote fuhren vollbeladen mit Gästen an der Küste entlang. Diese Vergnügungen endeten jedoch 1961. Nach dem Mauerbau wurde auch die Seegrenze der DDR an der Ostsee abgeriegelt. Damit hatten sich auch alle Pläne für den Auf- oder Neubau von Seebrücken erledigt. Außer den Fischereifahrzeugen wurden alle Boote am Strand eingezogen.

Der Einfluss der Parteiorganisationen der SED auf alle Bereiche des Lebens wurde verstärkt, die »politisch-ideologische Arbeit« erhielt einen höheren Stellenwert. Auf allen Ebenen ging man daran, das gesellschaftliche und genossenschaftliche Eigentum in der Wirtschaft zu erweitern, das heißt, der vorher geförderte Privatsektor wurde so weit wie möglich verstaatlicht.

Hier an der Küste herrschte noch die sogenannte Strandbourgeoisie. Hoteliers, aber auch andere, oft seit Generationen in den Seebädern verwurzelte Unternehmen hatten den Aufschwung im Fremdenverkehr erfolgreich genutzt und wirtschaftlichen und politischen Einfluss er-

Festumzug mit Orchester in Ahlbeck, DDR-Zeiten

langt. Meist bestanden verwandtschaftliche und geschäftliche Beziehungen in die Bundesrepublik. Der FDGB jedoch war an eine Kapazitätsgrenze gestoßen. Der Bedarf an Häusern stieg, materielle Voraussetzungen für Neubauten fehlten, da Wohnungen und Industrieobjekte in der DDR vorrangig errichtet wurden. Durch die hohe Einwohnerzahl in den Seebädern war auch kein weiterer Freizug von Häusern möglich.

Das Ministerium des Innern bereitete im Herbst 1952 Maßnahmen vor, die sich gegen ausgewählte private Hotel- und Pensionsbesitzer richten sollten. Eine dieser Maßnahmen war die »Aktion Rose«. Am 9. Februar 1953 wurden die Promenadenbereiche in Ahlbeck, Heringsdorf, Bansin, Koserow und Zinnowitz abgesperrt. Es begannen Hausdurchsuchungen, die geringsten Verstöße gegen das »Gesetz zum Schutz des Volkseigentums und anderen gesellschaftlichen Eigentums« der DDR wurden mit Beschlagnahme des Vermögens und Untersuchungshaft geahndet. Viele Geschäftsleute und Hausbesitzer flüchteten in diesem Klima von Gerüchten und Unsicherheit in den Westen Deutschlands oder nach Westberlin. Erst Ende Februar wurde die Bevölkerung durch die Presse und in Versammlungen über die Vorgänge informiert, eine Teilausstellung der beschlagnahmten Wäsche, Lebensmittel und Mangelwaren sollte die »verbrecherische Wirtschaftsweise der Schieber und Spekulanten« veranschaulichen. Während der nachfolgenden Prozesse erwiesen sich die Beschuldigungen meist als gering oder haltlos, dennoch endete die »Aktion Rose« in der Regel mit Enteignungen, teilweise auch mit Gefängnisstrafen. Auf Usedom waren rund 25 Objekte und 100 Personen betroffen. Nach der Wiedervereinigung wurde der enteignete Besitz zurückgegeben.

Anfang der 1960er-Jahre wurde »sozialistische« Vergangenheitsbewältigung betrieben, indem man die traditionellen Namen der Villen, Hotels und Pensionen änderte, die oft an vergangene Epochen erinnerten. So verschwanden Namen wie Hotel Reichskanzler, Preußenhof, Strandvilla Imperator oder Kaiser Wilhelm. Die neuen Namen waren zum Teil neutral, wie Ostseehotel, Haus Neptun oder Seeblick, klangen »sozialistisch«, wie Fortschritt, Solidarität, Frieden oder Aufbau, aber viele waren für die Einheimischen nicht nur schwer auszusprechen, sondern auch völlig nichtssagend, wie Soja Kosmodemjanskaja, Julian Marchlewski oder M'Balia Camara.

Der Fremdenverkehr wurde nun fast ausschließlich von Staat und Gewerkschaft kontrolliert. Schon 1955 vergab der FDGB über 84 000 Ferienplätze, die Zahl der organisierten Urlauber überschritt die Millionengrenze. Ab 1965 wurden dann in allen dafür geeigneten Ferienheimen vorbeugende Kuren der Sozialversicherung durchgeführt. Jetzt waren vor allem die FDGB-Heime, zum Teil auch die Betriebsferienheime, hundertprozentig ausgelastet. Von Mai bis Oktober kamen Urlauber auf Ferienscheck: Ein »Durchgang« dauerte 13 Tage, ein Tag blieb für die Reinigung der Zimmer, Küchen und Speisesäle, dann kam der nächste »Durchgang«. Während der übrigen Monate kamen nun Kurgäste. Vorwiegend waren es Arbeiter mit gesundheitsgefährdenden Tätigkeiten in der Schwerindustrie, der chemischen Industrie oder dem Bergbau, denen regelmäßig prophylaktische (vorbeugende) Kuren verordnet wurden. Sie blieben jeweils drei Wochen. Unterbrochen wurde der Kurbetrieb zum Jahreswechsel, wenn die Häuser wieder an Urlauber vermietet wurden.

Somit war es mit der winterlichen Ruhe in den Seebädern ein für alle Mal vorbei. Die Kurgäste wurden je nach Alter und Gesundheitszustand in verschiedene Gruppen eingeteilt und unter ärztlicher Kontrolle beschäftigt. Das begann mit der morgendlichen Gymnastik, dann folgten Spa-

Am Ahlbecker Strand. Im Hintergrund das FDGB-Heim Bernhard Göring, heute Ahlbecker Hof

Ehemaliges »Bungalow-Urlauberdorf« des FDGB an der Heimstraße, 1968

ziergänge oder auch anstrengende Wanderungen, Wassertreten, Wald- oder Strandläufe. Den Kurgästen wurde täglich vor dem Frühstück ein Glas der Heringsdorfer jodhaltigen Sole angeboten, die dieses Getränk aber selten zu schätzen wussten, was sich oft zum Nachteil der in Reichweite stehenden Blumentöpfe auswirkte.

Die Kurgäste mussten natürlich Vorschriften einhalten, zu denen die Teilnahme an den Maßnahmen gehörte und auch die Bettruhe ab 22 Uhr. Verstöße gegen die Kurordnung wurden bestraft, indem der Gast nach Hause geschickt wurde und seine Kur bezahlen musste. Das kam aber eher selten vor, im Allgemeinen war die Stimmung unter den Kurgästen gut und die meisten genossen diesen zusätzlichen Urlaub. Eine Kellnerin erzählt aus dieser Zeit:

»Die erste Saison war ein richtiges Abenteuer. Die Arbeit war schwer, aber ich war jung und hatte keine Probleme damit. In das FDGB-Heim, in dem ich arbeitete, kamen Gäste aus allen Teilen der Republik, aber Sächsisch hörte man am häufigsten. Vielleicht haben die Einheimischen deshalb alle Urlauber als Sachsen bezeichnet. Da konnte mal der Satz fallen: ›Die Sachsen aus Weimar reisen heute ab.‹

(...) Die Gäste haben sich eigentlich selten über das Essen beschwert, wenn es auch Engpässe gab, aber daran war man als DDR-Bürger ja gewöhnt. So gab es z.B. wenig Obst, kaum Südfrüchte. Aber nicht nur Bananen waren eine Rarität, auch frischer Fisch, der doch direkt vor unserer Nase gefangen wurde, befand sich selten auf den Tellern der Urlauber.

Ich habe mich dann mit einem Fischer angefreundet, der manchmal abends bei uns in der Gaststätte saß, so konnte ich meiner Familie, wenn ich nach Hause fuhr, auch mal Räucheraal oder Flundern mitbringen.

Wir bedienten in einer Schicht mit drei oder vier Kellnern hunderte Gäste, was zu Recht als ›Schleuderservice‹ bezeichnet wurde. Vor jedem Durchgang wurden die Tische mit Besteck und Suppentellern eingedeckt, so konnten wir die Suppe, es gab täglich zwei Sorten, aus Terrinen austeilen.

Danach wurden die Teller mit dem Hauptgericht gebracht. Meist saßen die Gäste an Sechsertischen und der Kellner trug dann auch sechs Teller gleichzeitig dorthin: vier Teller auf dem linken Arm, zwei in der rechten Hand. Da blieb es nicht aus, dass die Soße mal von einem Teller auf den anderen lief oder ein gekochtes Ei ganz herunter rollte.

Früh und abends ging es ruhiger zu, da mussten wir nur das Büfett auffüllen und darauf achten, dass genügend Teller und Bestecke bereitstanden, die Gäste bedienten sich dann selbst und holten sich auch ihre Getränke. Auf dem Büfett standen Kräutertee, Malzkaffee, Milch und manchmal Saft, die anderen Getränke, Bier, Bohnenkaffee und schwarzer Tee, mussten extra bezahlt werden.

(...) Schon in der ersten Saison habe ich recht gut verdient. Neben meinen normalen Schichten habe ich häufig ›pauschal‹ gearbeitet, d.h. ich habe bei Tanzabenden im Haus gekellnert und wurde dafür direkt im Anschluss bar bezahlt. Diese Heimabende wurden einmal wöchentlich für die Urlauber organisiert. Es gab also einen Begrüßungs- und einen Abschiedsabend. Das waren nicht nur einfache Tanzabende, sondern es wurde auch immer ein Programm angeboten. Wir Kellner haben an diesen Abenden die Gäste ganz normal mit Speisen und Getränken bedient und auch kassiert, sodass es auch Trinkgeld gab. Das war natürlich ein Grund dafür, dass ich gern an den Heimabenden arbeitete, aber auch, dass wir Kollegen viel Spaß hatten. Es ging recht locker zu, niemand hatte etwas dagegen, dass wir auch einmal mit einem Gast tanzten oder mit einem Glas Sekt anstießen.

Das Geld spielte im Vergleich zu heute keine so große Rolle, was natürlich auch daran lag, dass man wenig Gelegenheit hatte, es auszugeben. Die wenigen Läden in den Seebädern waren völlig überlaufen, das ohnehin geringe Angebot entsprach nicht annähernd der Nachfrage. Es gab zwar vereinzelt sogenannte Exquisit-Läden, in denen qualitativ bessere Kleidung angeboten wurde. Aber selbst wenn man hier für relativ viel Geld mal ein schönes Kleid erwischte, konnte man damit rechnen, es in nächster Zeit auch an vielen anderen Frauen zu sehen. Das Einkaufen in dieser Zeit war, selbst wenn man nicht auf den Preis achten musste, immer mehr Frust als Lust.

Dennoch hatte man sich mit der Mangelwirtschaft eigentlich recht gut arrangiert. Für uns in der Gastronomie Tätige war es z.B. selbstverständlich, dass die begehrten Zigaretten wie Club und F6 gar nicht an die Gäste, sondern nur an die Mitarbeiter verkauft wurden, ebenso wie gutes Bier und manche Weine, Südfrüchte und bestimmte Konserven.

(...) Im Herbst hatte ich mich so gut eingelebt, dass ich beschloss, einen festen Arbeitsvertrag abzuschließen und auch über Winter hierzubleiben. (...) Eigentlich hatte ich befürchtet, dass der Winter hier ziemlich langweilig sein würde. Aber ich sollte mich irren. Im Herbst reisten die Kurgäste an. Das waren aber keine Kranken, sondern Arbeiter, die regelmäßig eine vorbeugende Kur bekamen. Ein Durchgang dauerte nun drei Wochen. Es waren auch nicht so viele Gäste im Haus wie im Sommer und man lernte die Einzelnen besser kennen.

Interessant zu beobachten aber war, wie sie sich untereinander immer näherkamen. Schon nach wenigen Tagen hatten sich Paare gebildet, die sich oft ziemlich schamlos aufführten. Als besonders peinlich empfand ich es, wenn sie sich gegenseitig Briefe von ihren Ehepartnern vorlasen. (...)«

Besonderen Wert legte man auf die kulturelle Betreuung. Regelmäßig wurden Lichtbildervorträge angeboten, literarische oder musikalische Abende, Modenschauen und Tanzveranstaltungen. Fester Bestandteil der Programme war der Ahlbecker Künstler Lothar Schröder, der sich in Ableitung von »Jongleur« den Künstlernamen Lothar Löhr gegeben hatte. International bekannt wurde er mit seinem »Saturn-Trick« – fliegende Bälle durch fliegende Reifen. Er ist damit nicht nur auf dem Urlauberschiff FRITZ HECKERT aufgetreten, sondern auch im DDR-Fernsehen und zusammen mit den Stars dieser Zeit auf großen Bühnen in Wien, Helsinki und Damaskus. In Indien und Sri Lanka, wo er in einem Tourneeprogramm auftrat, erhielt er den Beinamen »Mister Maybe«. Die Ankündigung einiger seiner

Tricks beendete er nämlich gern mit der Bemerkung: »Wenn's klappt ...« Im Englischen machte er »maybe« (vielleicht) daraus. Wenn er diese Bemerkung wegließ, rief der ganze Saal: »Maybe, maybe!«

Den Gästen und auch den Mitarbeitern gefielen besonders seine frechen Witze, sein Humor, mit dem er seine Kunststücke begleitete. Besonders in Ahlbeck wurde er noch in einer anderen Rolle bekannt. Als Clown Lolo begeisterte er schon auf unzähligen Veranstaltungen die Kinder und tut es bis heute. Bei den Einheimischen als Ahlbecker Original bekannt und beliebt, unterhält er sie und ihre Gäste auch in seinem hohen Alter noch durch witzige Sprüche und pointierte Stegreifdichtungen.

Bei den Heimabenden war oft auch seine Frau Dorena dabei, die verblüffende japanische Papierreißkunst zeigte.

Ahlbeck stand Mitte der 1960er-Jahre an der Spitze aller FDGB-Erholungsorte. 17 Heime mit 3101 Betten standen den Urlaubern zur Verfügung. Hinzu kamen neben Gästen anderer Einrichtungen und privaten Urlaubern tausende Naherholer und Einpendler aus dem Hinterland. Außerdem gab es 13 Betriebserholungsheime und einige »Staatsheime«.

Eine große Gruppe Feriengäste in Ahlbeck bildeten die Kinder, die sich im Pionierferienlager an der östlichen Promenade aufhielten. Das 1913 erbaute Kaiser-Wilhelm-Kinderheim stand nach Nutzung durch die Wehrmacht im Zweiten Weltkrieg und der Sowjetarmee nach 1945 nun wieder rund 900 Kindern zur Verfügung. Die Lage des Ferienlagers war ideal, am Ortsrand zwischen Kiefern, nur durch die Dünen vom Ostseestrand getrennt. Für DDR-Verhältnisse war es recht komfortabel, aber auch in primitiveren Kinderferienlagern haben unzählige Kinder wunderbare Ferien verlebt. Viele, die in der DDR aufgewachsen sind, erinnern sich gern an die Sommertage in Zeltlagern, ohne

Pionierlager bei Ahlbeck

jeden Luxus, aber mit Abenteuern in der Natur, Zeltkino und erster Disco, Nachtwanderungen und Ausflügen in die Umgebung, Freundschaften und erster Liebe.

1974 kamen in Ahlbeck auf 5300 Einwohner 65917 Urlauber sowie 420000 Naherholer. Dem Ort wurde der Titel »Staatlich anerkannter Erholungsort der DDR« verliehen. Wie in allen Seebädern war der FDGB-Feriendienst der größte Arbeitgeber, der vor allem die Frauen beschäftigte. Durch den Kurbetrieb, aber auch durch die Beschäftigungspolitik der DDR waren fast alle in Arbeit. Im Sommer halfen Rentner und Schüler aus, Saisonbeschäftigte aus allen Teilen der Republik kamen zur Hilfe, dennoch herrschte Arbeitskräftemangel. Überstunden waren die Regel, wurden aber gut bezahlt oder konnten im Herbst abgebummelt werden.

Der Lohn war für DDR-Verhältnisse durchschnittlich oder eher im unteren Bereich, aber bei Weitem weniger unterschiedlich als heute. So konnte ein Kellner bei guter Arbeit mit Trinkgeld und Prämien am Monatsende durchaus genauso viel oder sogar mehr Geld ausgezahlt bekommen als ein Heim- oder Abteilungsleiter. Neben den Jahresend- und anderen Geldprämien wurden oft auch Reisen in das sozialistische Ausland als Anerkennung für besondere Leistungen, für lange Betriebszugehörigkeit oder einfach, weil man »an der Reihe« war, vergeben.

Neben den Heimen des FDGB-Feriendienstes entstanden in den Seebädern zunehmend Betriebsferienheime. 1970 gab es in Ahlbeck 13, in Heringsdorf zehn und in Bansin acht solcher Unterkünfte. Oft waren sie den FDGB-Objekten angeschlossen, der einzige Unterschied bestand darin, dass die Gäste nur aus den Betrieben kamen, denen diese Häuser gehörten und dass einige Mitarbeiter, meist Saisonkräfte, in diesen Betrieben angestellt waren. Die direkten Verträge zwischen Objekten des FDGB-Feriendienstes und Betrieben aus allen Gegenden der DDR brachten auch für die Angestellten Vorteile. So wurden in Bansin z.B. die Arbeiter der Brauerei Radeberg in einem FDGB-Heim verpflegt, im Gegenzug kamen auch die Bansiner Mitarbeiter in den Genuss des heißbegehrten Radeberger Export-Bieres.

Immer wieder hört man Bemerkungen wie »Zu DDR-Zeiten kamen doch nur die Bonzen hierher«. Dieses Vorurteil ist besonders bei Gästen aus den alten Bundesländern sehr verbreitet, hat aber mit der Realität wenig zu tun. Die sogenannten Sonderheime gelten in der Bewertung der DDR-Geschichte bis heute als Beweis für Privilegien der SED-Machthaber und besonders der Stasi. Am Gesamtbestand der Beherbergungseinrichtungen der Seebäder hatten sie aber nur einen geringen Anteil.

In Heringsdorf ließ das Ministerium für Staatssicherheit 1973 das Heim Fritz Schmenkel errichten, in dem auch Erich Mielke seine Urlaube verbrachte. Das Gebäude stand an der Stelle, an der sich heute das Strandidyll befindet. Dem Ministerium für Nationale Verteidigung gehörte die Seeperle, Am Meer war Gästehaus des Zentralvorstandes der Deutsch-Sowjetischen Freundschaft (DSF), Diana des FDGB und Albin Köbis und Wilhelm Pieck waren Gästehäuser des ZK der SED.

Die Privilegien dieser Gäste beschränkten sich auf eine etwas bessere Versorgung in den Heimen, vereinzelte Annehmlichkeiten, wie z. B. einer Schwimmhalle im Schmenkel, und auf die herrschenden Sicherheitsbestimmungen. Die Urlaubsplatzvergabe und die Zuzahlung erfolgte nach den geltenden Gesetzen und den gleichen Prinzipien wie in Betriebsferienheimen.

Hatte man noch in den 1950er-Jahren den Eindruck einer positiven Entwicklung der Seebäder, begünstigt durch ausgezeichnete natürliche und bauliche Verhältnisse, ging doch mit dem Ansteigen der Gästezahlen der schleichende Verfall einher. Die wenigen neu errichteten Gebäude, wie das Solidarität und das Erich Weinert in Heringsdorf waren zwar zweckmäßig und komfortabel, trugen aber

Die Ahlbecker Seebrücke, 2018

durch ihre Bauweise keineswegs zur Verschönerung des Ortsbildes bei. Man kann sich ausrechnen, dass von den geringen Einnahmen kaum etwas übrig blieb, um die Häuser instand zu halten. Die sanitären Einrichtungen waren sehr einfach und meist nur über den Flur zu erreichen, es wurde immer nur das Notwendigste repariert, die Häuser wurden, so wie man sie übernommen hatte, einfach »heruntergewohnt«. Für viele der Gebäude war es 1990 die höchste Zeit, dass sie – wieder in Privatbesitz – restauriert wurden. Sonst hätte man wahrscheinlich in der Folgezeit noch viele der schönen alten Villen und Hotels abreißen müssen. Andererseits kann man aus heutiger Sicht auch von Glück sprechen, dass zu DDR-Zeiten die finanziellen Mittel oder auch das Baumaterial nicht vorhanden waren, um allzu viel abzureißen und neu zu bauen. Dadurch sind uns sicher einige der Plattenbauten dieser Zeit erspart geblieben und viele Gebäude aus der Gründungszeit der Seebäder haben überdauert.

Der FDGB wurde 1990 aufgelöst. Zunächst versuchte man aus dem Feriendienst mit einem Teil der Immobilien eine GmbH zu gründen, was misslang. Am Jahresende wurden alle Heime geschlossen und allen Mitarbeitern gekündigt. Bei einigen Häusern begann der Rückübertragungsprozess, andere wurden durch die Treuhand verkauft. Inzwischen befinden sich alle Hotels und Pensionen wieder im Privatbesitz. Die großen Häuser wurden oft von Hotelketten aufgekauft, umgebaut und restauriert.

Nach dieser Übergangsphase begann eine Zeit umfassender Rekonstruktions- und Werterhaltungsarbeiten, die besonders dem Seebad Heringsdorf außerordentlich gut taten. Ein Haus nach dem anderen bekam seine alte Schönheit zurück, selbst größere Neubauten, wie das Strandidyll wurden dem Stil des Seebades angepasst.

Aber auch in den 1990er-Jahren wurden viele Fehler gemacht und Bausünden begangen. Besonders Bansin hat in den vergangenen Jahren viel von seinem Flair verloren. Dennoch wird auch der größte Pessimist oder Ostalgiker nicht leugnen können, dass die Seebäder von Jahr zu Jahr schöner wurden und es ist besonders erfreulich, wie sensibel mit der alten Bausubstanz umgegangen wird.

Für das HdE veranschlagte die Treuhand einen Wert von 2,4 Millionen Mark, die Gemeinde Ahlbeck konnte es dann aber für eine symbolische Mark übernehmen. Gut ist sicher, dass sie es bis heute nicht verkauft und damit die Voraussetzung für einen weiteren Hotelneubau geschaffen hat. Nicht so gut, dass bisher kein Nutzungskonzept umgesetzt wurde.

Das Ostseehotel, Mitte der 1920er-Jahre erbaut, war unter dem Namen Strandhotel ein Erholungsheim des vermögenden Buchhändlervereins. Am ersten März 1946 zog hier das neue Landratsamt ein. Die Verwaltungen des Landkreises Usedom-Wollin befanden sich zuvor in Swinemünde. Die Stadt war jetzt ebenso wie die Nachbarinsel Wollin polnisches Territorium. Nach Vorstellung der Landesregierung sollte Bansin neuer Sitz des Landrates und der Kreiskommandantur werden, das scheiterte an fehlenden Räumlichkeiten. Heringsdorf war Sanatorium der sowjetischen Armee. So nutzte man, bis 1952 Wolgast Kreisstadt wurde, in Ahlbeck die größeren Hotels zu Verwaltungszwecken des Kreises Usedom. Im Kurschloß (heute Das Ahlbeck, Ecke Seestraße) waren Finanz- und Steueramt, im Haus Carmen (Goethestraße) das Arbeitsamt, das Gesundheitsamt im Haus Am Meer (Dünenstraße). Das Strandschloß, an der Ecke hinter dem Ostseehotel, beherbergte das Kreis-Untersuchungsgefängnis.

Unter dem Namen Hotel Ostsee übernahm die HO (Handelsorganisation) das Haus in den 1950er-Jahren. 1976 wurde es modernisiert und das Restaurant mit 205 Plätzen genügte nun auch gehobenen Ansprüchen. Die Seetel-Gruppe erwarb 1993 dieses sowie das dahinter befindliche Haus, das in der Kurstraße stehende Strandschloß sowie das Haus Neptun, an dessen Stelle im Jahre 2000 die Ostseeresidenz neu errichtet wurde.

Die Ahlbecker Seebrücke 9

Folgt man der Dünenstraße in Richtung Westen, so erreicht man die historische Seebrücke, die älteste Seebrücke Deutschlands. Sie ist nicht nur das Wahrzeichen des Seebades Ahlbeck, sondern der ganzen Insel, und wird in jeder Fernsehsendung zu Usedom gezeigt. Das Logo sieht man auf vielen Prospekten.

Gebaut wurde sie zum »Kaffeetrinken über dem Meer«. Es war also zunächst kein Schiffsanleger, sondern nur eine Plattform über dem Wasser mit einem Bohlenzugangssteg von der Promenade zwischen den Netztrockenplätzen der Fischer hindurch. Die Ahlbecker Firma Grünberg, spezialisiert auf Holzarchitektur, hatte 1897 damit begonnen, die bereits vorhandene Plattform zu erweitern, auf der Westseite Holzhallen zur Unterbringung eines Ausschanks und Leseräumen, auf der Ostseite eine Bühne für Kurkonzerte zu errichten. Vier aufgesetzte Ecktürmchen vollendeten den Pavillon und gaben ihm das bis heute unverwechselbare Aussehen. Auf der Mittelfläche standen Tische und Stühle. An der Seeseite gab es einen kurzen Bootsanleger. Am Pfingstsonntag 1898 wurde die Anlage vom Amtsvorsteher Dreher mit Unterstützung der Kurkapelle Swinemünde feierlich eingeweiht. Im Wolgaster Anzeiger vom 2. Juni 1898 war dann zu lesen:

»Ahlbeck hat im letzten Jahre viele Veränderungen erfahren, es erhielt wie schon kürzlich erwähnt, eine mit Musikpavillon und Restaurationshalle erbaute Brücke, im Vergleich zur Kaiser-Wilhelm-Brücke in Heringsdorf ein winziges Werk, und doch macht es mit seinen hellen Wänden und spitzen Türmchen einen hübschen Eindruck, ein neuer Anziehungspunkt und eine glückliche Spekulation unseres so schnell beliebt gewordenen Bades. Ein Badeort – im Emporblühen begriffen – der sein Möglichstes tut, um den heutigen, oft zu weit gehenden Bedürfnissen der Sommergäste gerecht zu werden, mutet wohl selbst den Unbeteiligten sehr wohltuend an.«

Die Seebäderdampfer konnten Ahlbeck aufgrund der geringen Wassertiefe nicht anlaufen, die Gäste mussten Zubringerboote nutzen. 1907 wurden dann der Bootsanleger auf 170 Meter

Der Ahlbecker Seesteg noch ohne Anleger, Postkarte um 1900

»Graf Zeppelin über Ahlbeck«, 23. Juni 1930

Die Seebrücke mit Anleger, 1930er-Jahre

»Aufgang zur Landungsbrücke« in Ahlbeck, um 1910

verlängert und Ahlbeck in den planmäßigen Linienbetrieb der Dampfer ODIN, HERTHA, HERINGSDORF, SWINEMÜNDE und des neuen Salonschnelldampfers BERLIN integriert. In dieser Zeit wurden auch die Aufbauten durch hölzerne Kolonnaden miteinander verbunden und der Zugang erweitert.

Ende der 1920er-Jahre besaß das Restaurant auf der Seebrücke den Ruf des größten Sommer-Varietés aller deutschen Ostseebäder. Pächter war in dieser Zeit der sehr geschäftstüchtige Otto Hein, ein ehemaliger Seemann, der mit einer Ahlbecker Fischertochter verheiratet war. Das Restaurant mit seinen etwa 350 Plätzen konnte aber nur im Sommer genutzt werden, denn es besaß noch immer kein festes Dach, nur Zeltplanen schützten die Gäste vor Regen und den Möwengrüßen von oben. Allerdings hatte es inzwischen einen Umgehungssteg bekommen und unter dem Zugangssteg eine Sanitätsstube für den Rettungsdienst. Die Inneneinrichtung im Gastraum war den damaligen Verhältnissen entsprechend niveauvoll, es gab eine kleine Bühne, eine Tanzfläche, sogar einen kleinen Springbrunnen und eine Kugelleuchte, die farbiges Licht ausstrahlte. Am Ende der Saison, in jedem Herbst wurden dann die gesamte Einrichtung ausgeräumt, die Bohlen der Tanzfläche aufgenommen und alles in einem Schuppen verwahrt. Erst Anfang der 1940er-Jahre sorgte Hein – er hatte nun einen unbefristeten Pachtvertrag erhalten – für die feste Dacheindeckung des Bauwerkes.

Wie in fast allen Seebädern auf Usedom wurde auch in Ahlbeck im Winter 1940/41 der Seesteg zerstört, aber nicht durch militärische Einwirkungen, sondern durch Sturm und Eisgang. Ein halbes Jahrhundert mussten die Seebäder ohne diese Attraktionen auskommen – die Ostsee galt als Außengrenze der DDR, es gab keinen Bäderschiffsverkehr, also benötigte man keine Anlegestege. Die Wiedereröffnung

des Seebrückenrestaurants nach dem Krieg fand erneut an einem Pfingstsonntag statt, im Jahre 1950. Eingeleitet von der Kapelle Balzer und beendet mit der Nationalhymne wurde die Gaststätte in einer Feierstunde, an der Vertreter der Gemeinde, der Parteien und Organisationen teilnahmen, der Handelsorganisation übergeben.

Bis 1986 konnte das denkmalgeschützte Bauwerk vollständig saniert werden. 1991 wurde der Pachtvertrag ausgeschrieben. Den Zuschlag erhielt der damals erst 28-jährige US-Amerikaner Thomas Dooley – keine gute Idee, wie sich bald herausstellen sollte. Dessen Vorstellungen vom Betreiben des Seebrückenrestaurants deckten sich absolut nicht mit denen der Ahlbecker, hinzu kamen eigene Zahlungsschwierigkeiten, für die er schließlich die Gemeinde verantwortlich machen wollte. Diese hatte 1992/93 den 280 Meter langen Seesteg errichten lassen. Dooley vertrat die Auffassung, die monatelangen Bauarbeiten hätten ihm große Verluste eingebracht. 1992 standen schon 300000 DM aus, die er nicht zahlen konnte oder wollte und ganz Ahlbeck wäre ihn gern wieder losgeworden. Dooley war der einzige Inhaber der

Die Seebrücke im Abendlicht, 2018

Seebrücken-GmbH und ließ sich weder durch Bitten noch durch Drohungen zur Aufhebung des Pachtvertrages bewegen. Die Streitigkeiten entwickelten sich zu einem deutschlandweit bekannten Gespött und zogen sich bis 1995 hin. Den Besuch des Bundespräsidenten Richard von Weizsäcker, der auf der berühmten Seebrücke bewirtet werden sollte, nutzten Dooleys Mitarbeiter, um in den Streik zu treten – sie forderten ihre ausstehenden Löhne. Das Essen wurde dann im Ahlbecker Hof zubereitet und in Kübeln in das Seebrückenrestaurant gebracht.

Auch das nahm der Amerikaner Dooley gelassen hin. Erst als ihm ein Ahlbecker Chor ein Ständchen brachte, während er in seiner eigenen Bar auf der Seebrücke saß, strich er die Segel. Der Chor hat ihm den schönen und sehr passenden Country-Song »Alles vorbei, Tom Dooley« vorgesungen.

Die einheimischen Nachfolgepächter (Kaufmann, Schwandt und Seifert – Seebrücke Ahlbeck GmbH) ließen dann erstmalig eine Heizanlage installieren. Dies ermöglichte letztendlich auch eine ganzjährige Nutzung des Restaurants.

Die Jugendstiluhr ⑩

Das häufigste Fotomotiv in Ahlbeck ist sicher die Uhr mit der Seebrücke im Hintergrund, wobei man auf Bildern meist gar nicht ihre Besonderheit, nämlich die dreieckige Form erkennt. Die gusseiserne Jugendstiluhr auf dem Platz vor der Seebrücke, früher beliebter Treffpunkt für Liebespaare, heute eher für Reisegruppen, verdankt Ahlbeck einem besonders dankbaren Sommergast, der Berlinerin Maria Grunack. Sie stammte aus einer Bauernfamilie, die durch Landverkauf beim Bau des Flugfeldes Tempelhof (Flughafen Berlin-Tempelhof) zu Wohlstand gekommen war. Gebaut wurde sie in Berlin von der Firma Rochlitz und 1978 von der Ahlbecker Firma Eick und dem Heringsdorfer Uhrmacher Schindler gründlich saniert. Elektronik ersetzte in den 1990er-Jahren das mechanische Uhrwerk, dessen Gewichte bis unter den Sockel reichten.

Im Wolgaster Anzeiger vom 16. Mai 1911 war zu lesen:

»Ein ebenso praktischer wie hübscher Schmuck wird jetzt auf der hiesigen Strandterrasse, direkt vor dem Aufgang der Brücke aufgestellt, nämlich eine 5 ½ Meter hohe Standuhr, auf der man an drei Seiten (...) die Zeit ablesen kann. Die Uhr ist der hiesigen Gemeinde von Frau Grunack aus Berlin geschenkt worden, welche schon über 20 Jahre unsern Ort zur Kur aufsucht.«

Die Uhr ist heute Treffpunkt von Liebespaaren.

Villen aus der Gründungszeit 11

Die Villa Am Meer, 1886 von August Priewe erbaut, kaufte 1911 die Witwe von Ernst Krüger. Als die beiden Dörfer Königlich-Ahlbeck mit 415 Einwohnern und Adlig-Ahlbeck mit 626 Einwohnern 1882 zusammengelegt wurden, wählten die Einwohner den Fischer Ernst Krüger zum ersten Dorfschulzen des nun vereinigten Dorfes. Er blieb es bis 1897 und wurde nach seinem Tod 1906 durch die Krügerstraße geehrt. Die verläuft von der Kurpark- in die Wilhelmstraße, ist eigentlich nur ein kurzer, ungepflasterter Weg, befindet sich aber ganz in der Nähe der Schulzenstraße 15, in der sich damals, unter Leitung von Ernst Krüger die Gemeindeverwaltung befand.

In den 1880er-Jahren war Ahlbeck immer noch eines der größten Küstenfischerdörfer Pommerns. Der Zusammenschluss war jedoch durch die Entwicklung des Badewesens notwendig geworden. Die Einnahmen daraus sollten in öffentlicher Hand liegen. Der Kreisausschuss machte die Förderung des neuen Seebades von einer Vereinigung der beiden Dörfer abhängig, um Streit zu vermeiden, aber wohl auch, um keine doppelten Zuschüsse für Ahlbeck zahlen zu müssen.

Während der Amtszeit von Ernst Krüger wurde 1883 zunächst die Kurtaxe eingeführt und die beiden privaten Badeanstalten mittels einer Anleihe von 30 000 Mark von der Ge-

Die Villa Lisbeth, heute Sitz der Touristeninformation, stammt aus der Gründungszeit des Ortes.

meinde erworben. Außerdem wurden die erste Polizeiverordnung in Kraft gesetzt, die Beeck aufgeräumt, ein Armenhaus errichtet und ein Badearzt eingestellt. Mit der Heringsdorfer Aktiengesellschaft wurden Verträge über Landerwerb abgeschlossen und ein neuer Ortsplan erstellt. 1884 begann man, neue Straßen anzulegen, alte umzubenennen und die Häuser zu nummerieren. So wurde aus dem Flunderweg die Seestraße, aus der Dorf- die Friedrichstraße, aus dem Karrenweg die Kaiserstraße, aus dem Schmidt-Steig die Karlstraße und aus dem Schwalbach-Steig die Neue Straße. Bis 1898 wurde das Straßennetz noch erheblich erweitert.

Währenddessen verwandelte sich das urwüchsige Gelände westlich und nördlich des Dorfes in eine riesige Baustelle. Der Badebetrieb ging dabei weiter, 1885 hatte Ahlbeck 4531 Besucher, auch die Fischer gingen nach wie vor ihrer Tätigkeit auf See nach. Die Swinemünder Bank gab bereitwillig Kredite und die Fischer fuhren nach dem Fischfang mit ihren Kähnen über das Haff, um Backsteine zu kaufen, oder sie holten Feldsteine aus der Ostsee am Bansiner Langenberg, die sie dann mit Handkarren und mithilfe ihrer Frauen vom Strand zu den Baustellen schleppten. 1896 beschrieb der Reiseschriftsteller Edwin Müller seine Eindrücke vom Geschehen rund um Ahlbeck folgendermaßen:

»Ahlbeck, früher ein ausgedehntes, auf kahler Düne gelegenes einfaches Fischerdorf, gehört zu den Badeorten, welche, ohne ihren Grundcharakter vollständig zu verändern, sich zu einer nie geahnten Höhe emporgeschwungen haben. Wer Ahlbeck vor 20 Jahren besuchte, erkennt es heute kaum wieder. Die alten niedrigen Fischerhäuser, heute nur noch in einigen Seitenstraßen

Die Villa Alice ließ die Familie Priem 1885 errichten.

Die Villa Seedüwel wurde gegen Ende des 19. Jahrhunderts errichtet.

erhalten, haben stattlichen Wohnhäusern, Villen und palastartigen Bauten Platz gemacht. (…) Aber trotz seiner äußerlichen Veränderungen hat Ahlbeck seinen bescheidenen Charakter im Allgemeinen bewahrt; ein ungeniertes und einfaches Leben ist hier noch vorherrschend, obwohl auch denen, welche Anspruch auf höheren Komfort erheben, genügt werden kann. (…) Es ist eine durchaus ungerechtfertigte Behauptung, daß sich in Ahlbeck der Fischgeruch in unangenehmer Weise geltend macht; alles, was Zubereitung von Fischen, Räucherei etc. betrifft, vollzieht sich in den entlegenen Teilen des Ortes.«

In dieser Zeit sind auch die Villen Seedüwel und Lisbeth (als Villen Anna und Elisabeth von Familie Will errichtet) sowie Alice (erbaut von Familie Priem) entstanden. Im Haus Lisbeth befindet sich heute die Touristeninformation Ahlbecks.

Der Ahlbecker Hof 12

Vis á vis der Seebrücke steht die wohl bekannteste Unterkunft Usedoms, das Fünf-Sterne-Hotel Ahlbecker Hof. Blaue Tafeln neben dem Eingang weisen darauf hin, dass hier schon immer die prominenten Besucher der Insel logiert haben. So weilte 1905 der Kaiser von Österreich, Franz Joseph I., auf der Insel, um sich mit dem Deutschen Kaiser Wilhelm II. zu treffen. Dass der hohe Gast im bürgerlichen Ahlbeck nächtigen musste, soll dem deutsch-österreichischen Verhältnis gar nicht gut getan haben. Wilhelm II. bevorzugte seine Jacht HOHENZOLLERN im Swinemünder Hafen.

Der Ahlbecker Hof, 2018

1925 weilten der frühere Reichskanzler Gustav Bauer im Ahlbecker Hof und im selben Jahr Luise Ebert, die Gattin des Reichspräsidenten. Außerdem residierten hier Künstler wie der Schauspieler Theo Lingen 1939 und in jüngerer Zeit wurde ein Film aus der »Pfarrer Braun«-Reihe mit Ottfried Fischer im Haus gedreht. In den 2000er-Jahren kamen die Königlichen Hoheiten wieder: 2006 Königin Silvia von Schweden und im September 2008 Prinz Henrik von Dänemark.

Der rechte Teil des Hotels, die Ecke zur Seestraße, in der sich heute ein italienisches Eiscafé befindet, wurde 1883 von Carl Ludwig Aßmann als Villa Meereswelle erbaut. Es war eines der ersten in der Reihe von neuen Villen in Strandnähe. Um 1900 erwarb der Berliner Weingroßhändler Alfred Junker das Logierhaus und entwickelte es zu einer Institution des Fremdenverkehrs an der pommerschen Ostseeküste. Von der Seetel-Gruppe aufwendig restauriert, ist das Gebäude mit seinen Rundbogenarkaden, Säulen und bemerkenswerten Brüstungsgittern heute wieder ein besonderes Glanzstück der Wilhelminischen Bäderarchitektur.

Der Ahlbecker Hof, 1896 erbaut von Maurermeister Friedrich Fehrmann, trug zunächst den Namen Fehrmann's Hotel und übertraf mit seinen 80 Zimmern in Größe und Ausstattung alle anderen Einrichtungen in Ahlbeck. Architektonisch entsprach es den Etablissements europäischer Badeorte. Die Vorderfront des Hauses, mit Blick auf die Ostsee, gliederte sich in Loggien und mehr als vierzig Fenster. Die Zwiebelkuppeln auf den Ecktürmen gaben dem Haus ein unverwechselbares Aussehen. Diese wurden nach einem Brand im Obergeschoss durch einfachere For-

Das Hotel Ahlbecker Hof dominierte schon um 1900 die Promenade. Postkarte

men ersetzt. 1897 änderte der Pächter Theodor Munkasch den Namen in Ahlbecker Hof. 1899 hieß es im »Prospect der Badeverwaltung«:

»Das Hotel ist mit allem Komfort ausgestattet. Die Zimmerpreise stellen sich in der Vor- und Nachsaison 20 bis 40 Mark pro Woche. Die Pensionspreise sind in der Vor- und Nachsaison einschließlich Logis von 5 Mark an, in der Hauptsaison von 6 Mark an. Kinder unter 10 Jahren die Hälfte. Großer Mittagstisch (diner à partager) 1,50 pro Couvert, table d' hôte 2,00 Mark pro Couvert.«

In den 1930er-Jahren war der Ahlbecker Hof Heim der nationalsozialistischen Gewerkschaft Deutsche Arbeitsfront. Nach Kriegsende, ab 1945 gehörte das Haus zum Landratsamt und erhielt 1950 als FDGB-Erholungsheim den Namen des NS-Widerstandskämpfers und SPD-Politikers Bernhard Göring. Er war 2. Vorsitzender des FDGB und im Dezember 1949 verstorben. Unter dem Namen Romantik Seehotel Ahlbecker Hof neu eröffnet, war es 1996 das erste Fünf-Sterne-Hotel auf Usedom.

Das FDGB-Heim Bernhard Göring zu DDR-Zeiten …

… erstrahlt heute wieder unter dem Namen Ahlbecker Hof in altem Glanz.

Fischerei 13

Die Seestraße ist die Geschäftsstraße des Seebades Ahlbeck. Früher war es der Flunderweg, den die Fischer aus dem Dorf zu ihrer Arbeit am Strand entlang gingen. Man erblickt das Haus Meereswelle, das erste Hotel, das in Ahlbeck gebaut wurde. Vor dem Strandzugang ist ein stilisierter »Aalbach« zu entdecken, der an den Ursprung des Namens Ahlbeck erinnert. Dahinter beginnt auf der rechten Seite der Fischerstrand. Die Fischhalle wurde in DDR-Zeiten gebaut. Hier lieferten die Fischer der Genossenschaft ihren Fang ab.

Auf Usedom begann um 1820 der organisierte Aufschwung der Fischerei. Zu dieser Zeit fingen die Männer so viel Hering, dass sie ihre Äcker damit düngten. Man beschloss, den Fisch durch Einsalzen zu konservieren. Die Stettiner Domänen-Kammer organisierte entlang der Usedomer Küste den Bau von fünf Heringspackhäusern, in welchen die Sortierung, das Einsalzen und die Verpackung des Herings erfolgten. Eine dieser »Salzhütten« stand in den Ahlbecker Dünen. 1895 löste sich die sogenannte Swinemünder Brakanstalt, die die staatlich organisierte Heringsverarbeitung leitete, auf und die Fischer stellten auf Räucherei und Heringsbraterei um. Der Fisch wurde direkt am Strand verkauft, aber auch in den Gaststätten angeboten. Eingelegter Brathering mit Bratkartoffeln war sogar bei den anspruchsvollen Gästen der gehobenen Restaurants beliebt.

1898 gründeten die Ahlbecker einen Fischereiverein, um der ständigen Verschlechterung ihrer sozialen Lage entgegenzuwirken. Sie beklagten besonders die geringe Verdienstspanne im Vergleich zu den Gewinnen der Fischhänd-

In der Seestraße, links das damalige Kurschloss-Hotel

ler, welche zu Höchstpreisen in die Städte lieferten. Das Königliche Fischereiamt in Swinemünde machte dafür jedoch die hohe Anzahl der Fischer verantwortlich. Um die Fischerei zu reduzieren, bot das Amt bei Einstellung des Familienbetriebes und Abgabe der Gerätschaften eine finanzielle Entschädigung an. Das zeigte jedoch bei den Strandfischern keine Wirkung. Die Fischerfamilien waren meist kinderreich. 12, 15, sogar 20 Kinder waren keine Seltenheit. Die Jungen wurden wieder Fischer, die Mädchen Fischerfrauen.

Die Arbeit der Fischer war nicht nur schwer, sie war auch gefährlich. Die Ahlbecker Chronik verzeichnet allein in der Zeit von 1884 bis 1905 die Namen von 13 Fischern, die auf dem Meer geblieben sind. Robert Erdmann, ein Zeitgenosse, schilderte einen Unfall folgendermaßen:

»Am 11. Oktober 1886 fuhr eine Fischereiflotte von ca. 16 Booten mit Netzen nach Rügen, um dort zu fischen. Es war ein herrliches Wetter, der Wind kam aus Südwest und wehte bei Abfahrt nicht so stark, so daß alle Segel (...) beigesetzt wurden. Auf der Höhe des ›Langen Berges‹ brauste es plötzlich stark auf. Da vermißte man das vorderste Boot. An seiner Stelle trieb irgendetwas auf dem Wasser. Die ganze Flotte steuerte sofort darauf zu und man fand dort einen Fischer, in eine wollene Decke gehüllt und von dieser getragen, auf dem Wasser liegend. Es war Johann Korth, der schnell gerettet wurde. Vom Boot jedoch und seinen weiteren vier Insassen war nichts zu sehen. Seiner zu großen Segelfläche wegen hatte es die Windbö umschlagen können und mitsamt den anderen Fischern war es gleich gesunken. Vergeblich versuchte man durch Heben und Lenzen des Bootes auf die Fi-

Die letzten Fischer des Ostseebades beim Netzeflicken, 2008

Die Strandboote mit der typischen Kennung

scher zu stoßen, umsonst. Mit dem Boot im Schlepp wurde zum Ahlbecker Strand zurückgekehrt. Wie ein Lauffeuer ging die Kunde vom Unglück um, so daß die Fischer beim Eintreffen bereits von einer Menge entsetzter Menschen in Empfang genommen wurden. Dieses Mal hatte es die Fischer Biesenthal, Priem, Böckler und Hannemann getroffen, gleich vier, damit hatte niemand gerechnet. Wie ein schwerer Druck legte sich die Schrecksekunde auf die Gemüter aller Einwohner und ein tiefes Mitgefühl erfüllte jeden für die vom harten Schlage getroffenen Familien.«

Die schwere Sturmflut am Jahresende 1913 hat Robert Erdmann selbst miterlebt. Diese Sturmflut, die schwerste seit 1872, richtete in Ahlbeck große Schäden an den Dünen, den Badeanstalten und der Seebrücke an. Viele Fischer büßten ihre Boote und Netze ein.

»Gewohnterweise waren die Fischer am Morgen aufs Wasser hinausgefahren. Trotzdem Windstille herrschte, stieg das Wasser doch unaufhörlich. Als ich gegen 4 Uhr am Strande ging, wunderte ich mich über den hohen Wasserstand. Am Signalmast war Sturm angezeigt. Trotzdem fuhren noch einige Fischer aufs Meer, worüber ich mich wunderte. Gegen Abend hatte sich ein schwerer Nordoststurm erhoben. Man blickte besorgt auf das wild bewegte Meer, denn einige Fischerboote waren noch nicht zurückgekehrt. Alle kamen noch glücklich an Land. Nur eins fehlte. Es war im Schneegestöber in der Brandung umgeschlagen, an das östliche Familienbad getrieben und zerschellt. Man hatte die Hilferufe der Ertrinkenden gehört, ihnen aber keine Rettung zu bringen vermocht, denn der Vorgang hatte sich in wenigen Minuten abgespielt. Es war stockfinster und in Folge des Schneesturms konnte man kein Auge öffnen. Obgleich beherzte

Männer die ganze Nacht tätig waren, konnten die Leichen doch nicht geborgen werden. (...) Karl Gamradt, Jahrgang 1866, hinterläßt eine Witwe mit 13 Kindern. Da die Familien ihren Ernährern beraubt sind, hat Herr Pastor Dr. Hartwig, Heringsdorf, in der ›Swinemünder Zeitung‹ einen Aufruf zur Sammlung von Gaben erlaßen und zahlreiche sind solche aus ganz Deutschland bei ihm und dem Herrn Gemeindevorsteher hierselbst eingegangen.«

Der wichtigste Fisch war damals die Flunder, geräuchert noch heute als Ahlbecker Flunder bekannt. Sie wurde von Juni bis Oktober mit Schleppnetzen gefangen und war in der Ahlbecker Bucht reichlich vorhanden. Aber auch, wenn sie im Hochsommer nach der Greifswalder Oie oder bis vor Rügen zog, folgten ihr die Fischer. Sie schliefen dann auf ihren Booten oder auch an Land unter freiem Himmel und hatten auf ihren Kähnen einen eisernen Herd, auf dem sie Kaffee, Bratkartoffeln und Fisch zubereiteten.

Die Frauen mussten neben ihrer Arbeit in Küche und Stall und der Versorgung der vielen Kinder auch die Fische aus den Netzen »põllen« und sie reinigen. Vor der Eröffnung der Eisenbahnlinie nach Swinemünde, 1894, brachten sie zu Fuß auf sandigen Wegen die schweren Fischkörbe zum dortigen Markt, um den Fisch zu verkaufen. Für den Erlös erwarben sie Waren für die Familie, die es nur in der Stadt gab. Im Winter wurden neue Netze geknüpft und alte ausgebessert.

Seit den 1920er-Jahren besserten die Fischer ihr Einkommen dadurch auf, dass sie Gäste auf ihren Segelbooten mit hinaus auf See nahmen. Außerdem wurden direkt am Strand Flundern, Aal und Sprotten geräuchert und verkauft. Einige Familien betrieben größere Räuchereien mit Versand per Eilgut. Dennoch gingen die Erträge in der Küsten- und Strandfischerei ständig zurück. Die Zahl der aktiven Ahlbecker Strandfischer verringerte sich zwischen 1908 und 1938 von 300 auf 50.

»Flunderhandel am Strand«, Postkarte

Mit den typischen Strandbooten der Fischer wurden schon um 1900 Urlaubsausflüge auf die Ostsee angeboten.

AHL. 12
AHL. 12

Von den Fischern zunächst als »Repressalie der Besatzungsmacht« empfunden, erfolgte am 1. Juni 1948 die Gründung der Fischwirtschaftsgenossenschaft (FWG) Ahlbeck. Dieser gehörten auch die Heringsdorfer und Bansiner Fischer an. 1958 wurde die FWG auf Mitgliederbeschluss aufgelöst und jeder Ort gründete seine eigene Genossenschaft, in Ahlbeck war es die Fischereigenossenschaft »Vereinte Kraft«. Um die Verarbeitung weiter zu gewährleisten, erfolgte 1959 die Neugründung als Fischerei-Produktions-Genossenschaft (FPG) »10. Jahrestag« Seebad Ahlbeck.

Im Unterschied zur FWG war die FPG ein Fang- und Verarbeitungsbetrieb. Auch eine Verkaufsstelle in der Lindenstraße gehörte dazu. Ab 1960 wurden die Heringsdorfer und die Bansiner Fischer, nun als Brigaden, erneut mit den Ahlbecker Kollegen zusammengelegt. 1965 waren 27 Fischer aus Ahlbeck und 26 Mitglieder aus der Umgebung in der Genossenschaft organisiert.

Gefangen wurden hauptsächlich Heringe, Plattfische, Dorsche und Aale. Die Arbeit für die Fischer war immer noch schwer, aber die Einnahmen waren sicher und bei Schäden sprang die Versicherung ein. Das Lebensniveau der Fischer hatte sich erheblich verbessert. Die Genossenschaft wurde vom Staat subventioniert, jedoch mussten die Fischer ihren Fang nun abliefern und durften nur den Eigenbedarf behalten. Nun ist »Eigenbedarf« ein dehnbarer Begriff und die Fischer waren so die kleinen Könige auf der Insel.

Jeder Einheimische hatte »seinen« Fischer, aber für Gäste war es schwer, an frischen Fisch oder gar an Räucheraal zu gelangen. Es etablierte sich eine landläufige Bezeichnung für den Aal: der »Drei-Farben-Fisch«. Er wurde grün gefangen, braun geräuchert und schwarz verkauft. Räucheraal war auch ein gutes Zahlungsmittel für Dinge, die es in der DDR nicht gab. Und davon gab es viele Dinge: Baumaterial, Autoersatzteile und so weiter konnte man gut gegen Räucheraal eintauschen.

1991 beschlossen 63 Mitglieder der FPG »10. Jahrestag« im Interesse des Erhalts ihrer Arbeitsplätze die Umwandlung in die Fischerei e. G. Ostseestrand. Sinkende Aufkaufpreise, steigende Kosten, unabdingbare Investitionen und besonders die neuen EU-Reglementierungen führten jedoch an die Grenze der Wirtschaftlichkeit. Nach der Liquidierung der Gesellschaft setzten in Ahlbeck nur noch elf Fischer die Tradition der Strandfischerei fort. Aktuell verdienen insgesamt 17 Fischer ihr Geld mit der Fischerei – Tendenz weiter rückläufig. Dies wird u. a. auf die Reglementierung der Fangquoten für Hering, Dorsch und Zander zurückgeführt.

In Ahlbeck ist es nur noch die Familie von Uwe Krüger, die die Küstenfischerei als Hauptgewerbe betreibt. Sie verarbeiten ihren Fang selbst und verkaufen ihn in der Fischhalle und ein paar Meter weiter in Uwes Fischerhütte. Die Urlauber genießen nicht nur den frischen Fisch, sondern auch das Flair, den Anblick der Fischerboote und Netze – ein wichtiger Teil der uralten Tradition und der Identität von Ahlbeck. Aber wie lange noch? Uwe Krüger ist mit der Fischerei in Ahlbeck groß geworden, er meint: »Uns steht das Wasser bis Oberkante Unterlippe. Wenn unser Berufsstand weiter so diskreditiert wird, gibt es in zwei, drei Jahren keinen Fischer mehr auf Usedom. Warum lassen wir jetzt zugrunde gehen, was Generationen vor uns aufgebaut haben?«

Hotels, Villen und Pensionen 14

Der westliche Teil der Ahlbecker Strandpromenade, beginnend an der Ecke zur Seestraße, hieß in den 1880er-Jahren Prinzenstraße und gehörte zum großen Teil Berliner Aktionären. Schon zu Beginn der Saison 1883 eröffnete hier der Berliner Hotelbesitzer Vogeler A. Vogeler's Pension Seeschloss. Allerdings hatte sich der Ahlbecker Hotelier Albert Wendicke an der Ecke bereits zwei Hausnummern gesichert: Seestraße 8 und Prinzenstraße 1, sodass dem Seeschloss die Hausnummer 2 zugeteilt wurde. Bemerkenswert ist, dass bei dem Umbau und der großräumigen Erweiterung zum Hotel Das Ahlbeck Teile der alten Pension Seeschloss erhalten blieben und noch heute zu erkennen sind.

Hinter dem neuen Hotel Das Ahlbeck befindet sich das Haus Seeblick. Die Heringsdorfer AG erbaute es nach französischem Vorbild, 1890 und 1893 wurde es im Stil der Neogotik verändert. Noch heute fallen die Geschoss trennenden Backstein-Bänder mit farbigem Rautendekor ins Auge sowie die Backsteinloggien.

Das Hotel Das Ahlbeck wurde im Juli 2006 an der Ahlbecker Promenade eröffnet.

Das »Haus 1. Ranges« hatte 65 Zimmer, verfügte über eine eigene Konditorei und einen Konzertpavillon. Die Badedirektion hatte im Hotel Lese- und Musikräume zur kulturellen Unterhaltung der Gäste angemietet. 1914 übernahm die Deutsche Gesellschaft für Kaufmännische Erholungsheime das Haus und betrieb es unter dem Namen Ostseeheim.

In den letzten Monaten des Zweiten Weltkrieges diente es, ebenso wie das benachbarte Seeschloss als Marinelazarett. Nach Nutzung durch den Volkseigenen Erfassungs- und Aufkaufbetrieb erwarb der FDGB-Feriendienst das Gebäude und betrieb es als Ferienheim Kurt Bürger. Seit 1995 ist es ein Erholungsheim der Deutschen Post, Postbank und Telekom.

Es folgen die Villen: Elsa (erbaut 1886 vom Fischer Friedrich Korth), Bella (1887, Maurer Wilhelm Schulz), Germania und Augusta – alles typische Gebäude aus der Gründungszeit des Seebades, von den Einwohnern zur Beherbergung von Gästen als Sommerhäuser erbaut.

Die Villa Luna ist das Geburtshaus der Publizistin und Journalistin Carola Stern, die hier, 1925 als Erika Assmus geboren, ihre Kindheit und Jugend verbrachte. Sie schrieb noch völlig unkritisch:

»Es war etwas los. Das war überhaupt ein Kennzeichen der NS-Zeit. Es war immer etwas los. Es gab Aufmärsche, Zeltlager, Schulungskurse und Dienst und Sportwettkämpfe. (...) Für uns war die Welt in Ordnung. (...) Wir waren voller Vaterlandsbegeisterung und erlebten wohl auch so etwas wie einen Kriegsrausch.«

In ihrem Roman »In den Netzen der Erinnerung« erzählt sie nicht nur vom Leben der Einwohner mit den Sommergästen, sie dokumentiert auch die sich verschärfenden politischen Auseinandersetzungen und die wachsenden sozialen Widersprüche in Ahlbeck am Ende der Weimarer Republik. So schildert sie auch die Stimmung, die am 30. Januar 1933, als Hitler zum Reichskanzler ernannt wurde, in Ahlbeck herrschte:

»Für die Jahreszeit ist das ganz ungewöhnlich: In Ahlbeck liegt kein Schnee. Es ist trocken, kalt und dunstig. Eka, die das erste Jahr zur Schule geht, reißt, nach Hause kommend, den Ranzen von den Schultern und setzt sich zu Mutter an den Mittagstisch. Während des Essens hören sie die Rundfunknachrichten. Gleich nach der ersten Meldung wirft das Mädchen aufgeregt die Gabel fort, läuft los, um Onkel Hans zu suchen. Sie ruft es Bäcker Spintig zu und Arno, dem Gesellen, Frau Mauksch und Tante Meta: ›Onkel Hans sin Führer is nu dran!‹ Tante Meta, die vollschlanke, sich für gewöhnlich gemessen fortbewegende Frau des Kurdirektors Kurth, dreht sich auf dem Absatz um und rennt ins Haus, um als erste die Hitlerfahne rauszuhängen. Doch vergeblich beeilt sich Eka, Glücksbotin für Onkel Hans zu sein; der sitzt im Seehof, dem Treffpunkt der SS, und bereitet schon den Fackelzug in Ahlbeck vor.«

1945 flüchteten die junge Frau und ihre Mutter aus Ahlbeck. 1947 ließ Erika Assmus sich vom US-amerikanischen Geheimdienst anwerben und begann ihr Studium an der SED-Parteihochschule. 1951, unmittelbar bevor ihr Doppelleben von der Stasi enttarnt wurde, entkam sie in die BRD. Sie nannte sich nun Carola Stern, studierte Politische Wissenschaften und Soziologie und arbeitete danach als Verlagslektorin in Köln. 1961 war sie Mitbegründerin der deutschen Sektion von Amnesty International, gab mit Günter Grass und Heinrich Böll eine Zeitschrift heraus, war auch mit Gustav Heinemann befreundet und engagierte sich für die Ostpolitik von Willy Brandt. Sie schrieb Biografien über Walter Ulbricht und Brandt sowie die autobiografischen Werke »In den Netzen der Erinnerung« (1986) und »Doppelleben« (2001).

1990 reiste Carola Stern erstmalig wieder in ihren Geburtsort. Im Jahre 2000, nach dem Tod ihres Ehemannes, gab sie ihre Berliner Wohnung auf und kehrte auf die Insel zurück. Sie wurde 2006 neben ihm auf dem Benzer Friedhof beigesetzt.

Das Gebäude, in dem sich gegenwärtig das Wirtshaus Leo befindet, ist etwas Besonderes, nicht nur in Ahlbeck. An der gesamten pommerschen Küste findet sich nichts Vergleichbares in Bezug auf Entstehungszeit und Bauzustand des Pavillons.

Der Weinhändler Christian Radmann hatte die dreiflügelige Holzhalle in Fachwerkstil mit großen Rundbogenfenstern und geschweiften Hauben von der Wolgaster Actiengesellschaft für Holzverarbeitung als Weinhalle vor seine Villa setzen lassen. In den 1930er-Jahren befand sich ein Kino darin, in dem alle neuen Ufa-Filme mit Schauspielern wie Heinz Rühmann, Hans Albers und Harry Piel gezeigt wurden. In DDR-Zeiten wurde das Gebäude an die HO verpachtet, zeitweise beherbergte es den Intershop.

Kurz danach erregt eine große Baustelle unsere Aufmerksamkeit. In den 1930er-Jahren stand hier das Jugenderholungsheim Ostmark, über das das »Heimat-Jahrbuch des Kreises Usedom-Wollin« von 1939 berichtete:

»Aus einem Privatkinderheim, das später dem ›Verein für Erholungspflege auslandsdeutscher Kinder‹ gehörte, ging dieses ›Kinderparadies‹ am Ahlbecker Strand im Jahre 1935 in den Besitz der Reichszentrale Landesaufenthalt für Stadtkinder über, die die beiden ursprünglichen Häuser ›Friedensburg‹ und ›Waterkant‹ zu einem großen Heim vereinigten und durch einen Neubau, in dem die Wirtschaftsräume untergebracht wurden, ergänzte. So entstand eines der Musterheime der NSV (Nationalsozialistische Volkswohlfahrt, die Verfasserin).«

Mit der Kaufmännischen Berufsschule, die sich zu DDR-Zeiten hier befand, verbinden viele Insulaner Erinnerungen an ihre Jugendzeit. An der Stelle soll in den kommenden Jahren ein Ensemble aus Neubauten mit maritimer Außenanlage entstehen. Geplant ist eine Hotelanlage »im deutlichen zweistelligen Millionenbereich« mit Suiten, Penthäusern, Restaurants sowie großen Wellness-, Spa- und Fitnessbereichen. Auch eine zweigeschossige Tiefgarage ist geplant. Im Frühjahr 2021 sollen die ersten Gäste einziehen. Gleichzeitig wird das einstige Ferienheim Frithjof in der Rathenaustraße, das seit Jahrzehnten leer steht, in Abstimmung mit dem Denkmalamt restauriert.

Im heutigen Wirtshaus Leo, einem auf Usedom einzigartigen Bau, befand sich in den 1930er-Jahren ein Kino. Später ein Geschäft der HO und danach der Intershop Ahlbecks.

Der Westen Ahlbecks 15

Und hier befindet sich nun die westliche Grenze Ahlbecks. Eine Seite der Grenzstraße gehört bereits zu Heringsdorf. Das hübsche, im Moment etwas vernachlässigte Holzhaus in der Grenzstraße 1, gebaut 1890, gehörte dem Bildhauer Ernst Herter. Seine große Zeit waren die Jahre 1880 bis 1900. Ganzfigürliche Herrscherporträts, darunter sieben Kaiser-Wilhelm-Denkmäler, machten ihn international bekannt. Er schuf unter anderem das Helmholtz-Denkmal in der heutigen Humboldt-Universität zu

Der Bildhauer Ernst Herter mit seiner Frau Elisabeth, um 1885

Berlin, das Bismarck-Denkmal in Wiesbaden und das Krupp-Denkmal der Hochschule in Berlin-Charlottenburg. Das Haus hier in Ahlbeck kaufte er zum sommerlichen Erholungsaufenthalt und schmückte es 1895 mit einem »Nord-Ostsee-Relief« an der Balkonbrüstung.

Vom Strand weg kreuzt die Grenzstraße nun die Goethestraße, die frühere Luisenstraße. Sie verläuft parallel zur Promenade, der ehemaligen Prinzenstraße, und wurde mit dieser durch Querstraßen verbunden, die die Namen der preußischen Persönlichkeiten Bismarck, Moltke und Roon trugen.

Auf der rechten Seite – heute befindet sich dort ein Neubau – stand einst das Haus Dünenschloss, das einem der bekanntesten Ahlbecker Persönlichkeiten gehörte. Kurt Bütow, in Hinterpommern geboren, führte mit seiner Frau, einer ausgebildeten Krankenschwester, hier ein Kinderheim. 1933 versteckte er hier die Kinder des zur Fahndung ausgeschriebenen Reichstagsabgeordneten Friedrich Ebert, den er aus gemeinsamer Berliner Parteiarbeit kannte. 1934 und 1935 beherbergte er den Nachwuchs der in Deutschland akkreditierten sowjetischen Botschaftsangehörigen. Die deutschen Behörden, die ihn ohnehin schon der »systemfeindlichen Tätigkeit« verdächtigten, nahmen das zum Anlass, das Heim zu boykottieren, was schließlich zur Zwangsversteigerung führte. Ein Freund der Familie, der damalige Oberförster Wöhler aus Usedom, ersteigerte das Haus, so konnten die Bütows weiterhin darin wohnen. Während seine Frau das Heim weiterführte, übernahm Bütow die Vertretung der Stettiner Dampfschiff-Reederei Braeunlich an der Heringsdorfer Seebrücke. Diese Tätigkeit ermöglichte es ihm, politisch Verfolgte des NS-Regimes zur Flucht über die Ostsee zu verhelfen. Außerdem versteckte er diese auch im Wirtschaftskeller des Heimes.

Am 5. Mai 1945 war Kurt Bütow einer von fünf mutigen einheimischen Nazigegnern, die der Roten Armee entgegenfuhren, um den Ort friedlich zu übergeben und dadurch Kampfhandlungen und Zerstörungen zu vermeiden. Fünf Tage darauf bezogen die Sowjets das Ahlbecker Rathaus und übertrugen Kurt Bütow die

Carlsburg

Villen an der Stresemannstraße, 2018

Funktion des provisorischen Bürgermeisters. Das Dünenschloss wurde zum Gemeindeamt umfunktioniert. Im Oktober 1945 zog die sowjetische Kreiskommandantur in das Dünenschloss, Familie Bütow musste in die Dienstwohnung des Gemeindeamtes ausweichen. Bütow und sein Stellvertreter Richard Barth hatten unter ständiger Einflussnahme der Kommandantur schwierige Aufgaben zu bewältigen. Im Seebad lagerten 6000 Flüchtlinge, die ernährt und medizinisch betreut werden mussten. Die Mangelversorgung nahm im Frühjahr 1946 lebensbedrohliche Ausmaße an. Vorräte der Pensionen wurden freiwillig gespendet oder beschlagnahmt. Aus ungeklärten Gründen wurde Kurt Bütow im Januar 1946 von der Besatzungsmacht verhaftet und verstarb im November 1947 im Internierungslager Sachsenhausen. Es hieß, er wäre von Personen denunziert worden, denen er lukrative Geschäfte »vermasselt« hatte.

An der Ecke Goethestraße/Rathenaustraße, früher Roonstraße, steht die Villa Freia. Im Krieg waren hier im Rahmen der sogenannten Kinderlandverschickung die Mädchen einer Kölner Oberschule untergebracht. Als Ende August 1943 die Peenemünder Siedlung zerstört wurde, mussten die Besitzer, die Familie Menzel, Soldaten aus Peenemünde aufnehmen. 1945 ritten sowjetische Soldaten hier auf Ponys ein, sie hielten den Speisesaal des Hauses für einen pompösen Pferdestall. Danach wohnten der Kommandant, ein alter Offizier, in der Freia und die Mannschaften in den umliegenden Häusern der Roonstraße. Sie zogen einen Zaun um das Grundstück und gruben Schützengräben.

Die Villen in diesem Bereich sind in der Zeit zwischen 1900 und 1912 entstanden. Die Namen waren vom wilhelminischen Zeitgeist geprägt, sie hießen (und heißen heute meist wieder): Hohenzollern, Dünenschloß, Walhalla, Barbarossa, Germania; die »Burgvillen«: Tannenburg, Heimburg, Carlsburg, Pippingsburg, Wartburg und Friedensburg. In den 1950er-Jahren waren die Bezeichnungen aus der Kaiserzeit nicht vereinbar mit der neuen Ideologie und die Häuser wurden umbenannt. Diese neuen Namen wiederum waren nach 1990 nicht mehr zeitgemäß, vor allem gefielen sie den neuen Besitzern so gar nicht. Deshalb wurde dann aus den Villen Friedensgrenze wieder Auguste Victoria, aus Philip Müller das Hotel Ostende, Bernhard Göring heißt wieder Ahlbecker Hof und Kurt Bürger Seeblick.

Das Gebäude in der Goethestraße 11 war die Villa Jaeger und gehörte dem gleichnamigen Zimmermann. Er baute auch Villen in Kölpinsee und Bansin und betrieb in Ahlbeck in der Lindenstraße eine Möbelfabrik, die im August 1908 niederbrannte.

Das letzte Haus auf der rechten Seite (Goethestraße 1) war die Villa Edelrita von Frederike Lehmann, vormals Bademeister Friedrich Beckmanns Villa Otto. Architektonisch bedeutsam sind der Portalbalkon und die offenen Säulenloggien. Die Namensgebung See-Eck des fast im Originalzustand erhaltenen Hauses erfolgte 1930 durch den Zwischeneigentümer Dr. Krebs.

In der See- und Lindenstraße 16

Auf der Goethestraße erreicht man kurz vor dem Abzweig Seestraße rechterhand die Friedrichstraße. An dieser Ecke (Haitabu) befand sich einst das sogenannte Kauf- und Logierhaus Saldsieder. Gegenüber ließ der Maler Wilhelm Priewe in den 1880er-Jahren ein imposantes Gebäude mit einer Zwiebelkuppel erbauen, nannte es Seeblick und richtete im Erdgeschoss Geschäfte ein, die verpachtet wurden. Das Gebäude, in dem sich bis zuletzt Läden befanden, musste 2007 aus baurechtlichen Gründen abgerissen werden. Die Zwiebelkuppel wurde jedoch gesichert und krönt nun wieder den Neubau, der nach historischem Vorbild errichtet wurde. Heute gehört das Haus zum Fünf-Sterne-Hotel Ahlbecker Hof.

Das heutige Hotel Meereswelle zwischen Friedrichstraße und Seestraße zählt zu den wenigen noch vorhandenen Hotelbauten der Frühwilhelminischen Bäderarchitektur an der pommerschen Küste. Es war das erste Hotel in Ahlbeck und wurde 1875 unter dem Namen Wendicke's Hotel auf den Dünen am Flunderweg von Albert Wendicke, einem Alt-Ruppiner, der mit einer Ahlbecker Fischertochter verheiratet war, erbaut. Der Kaufmann, in Berlin aus-

Das heutige Hotel Meereswelle eröffnete 1875 als erstes Hotel Ahlbecks.

Die Molkerei des Ostseebades hatte ihren Sitz ebenfalls in der Seestraße.

gebildet, war vertraut mit den Ambitionen der Berliner Geschäftswelt und erkannte die Perspektiven des Fischerdorfes an der Ostsee. Das Haus blieb im Wesentlichen bis heute unverändert, nur der Saalanbau, der damals wegen seiner Größe Bewunderung bei den Gästen und Erstaunen bei den Einwohnern erregte, wurde 2001 abgerissen. An seiner Stelle befindet sich heute der Johann-Koch-Platz.

In den der 1880er-Jahren, während des Baubooms in Ahlbeck, errichtete der Unternehmer ein weiteres Hotel unter dem Namen Wendicke's Logierhaus an der damaligen Prinzenstraße 1 (heute Das Ahlbeck). In diesem befand sich auch eine Warmbade-Anstalt, für die Wendicke in einer Anzeige warb:

»Ältestes und erstes Warmbad am Platze. Gegründet 1885. Es werden warme See- und Solbäder auch mit ärztlich empfohlenen Incredienzien verabfolgt.«

Um 1910 befand sich im Haus das Delikatessen-Aufschnitt-Spezial-Geschäft von A. Wendicke jun. Albert Wendicke wurde nur 54 Jahre alt, er starb 1897 und konnte die Glanzzeit seines Hotels nicht mehr miterleben. Seine Witwe und sein Sohn, Albert Wendicke jun., setzten die Geschäfte fort. Es fanden glanzvolle Feste und große Wohltätigkeitskonzerte mit berühmten Künstlern und hochrangigen Gästen statt. Um 1911 wurde es das offizielle Kurhaus des Seebades, die Badedirektion veranstaltete während der Saison im dortigen großen Saal Konzerte und Theateraufführungen.

Am Hotel Meereswelle vorbei befindet man sich in der heutigen Hauptgeschäftsstraße des Seebades: der Seestraße. Vor dem Ersten Weltkrieg war hier noch alles einfach und provisorisch. Es wurde überall gebaut und wieder umgebaut. Es kamen immer mehr Gäste, die Einwohner wollten durch Vermietungen Geld hinzuverdienen. In der unteren Seestraße standen noch alte Fischerhütten, daneben halbfertige Pensionen, in denen schon Zimmer angeboten wurden. Zu Beginn des 20. Jahrhunderts lagen die meisten Geschäfte in der Lindenstraße. In der See-

Blick auf die Villa Seeblick mit Photofachgeschäft

Der Neubau erhielt die typische »Zwiebelkuppel« des Vorgängerbaus.

Handkolorierte Postkarte der Ahlbecker Lindenstraße

straße befand sich der Drogerie- und Photofachhandel von Otto Steindorff sowie drei weitere Geschäfte.

Auf der rechten Seite erblickt man das Fleischerfachgeschäft Renske. Das Haus war das ursprüngliche Wohn- und Geschäftshaus der Familie Heyn, deren Mitglieder im Ort als Einwohner und Schlachter seit 1872 nachweisbar sind. Albert Heyn führte das Geschäft bis 1924. Ganz in der Nähe, in der Lindenstraße, heute ist dort ein großer Parkplatz, stand Heyn's Hotel. Es verkörperte den Höchststand des Logiergewerbes vor dem Bauboom in Strandnähe. Das Hotel wurde um 1910 verkauft, hieß dann Parkhotel. Als in den 1920er-Jahren die Einwohnerzahl in Ahlbeck erheblich anstieg (1927: 3800 EW) und sich das Tätigkeitsfeld der Ahlbecker Verwaltung erweiterte, übernahm diese das Parkhotel als Rathaus. Das alte Gebäude in der Lindenstraße 13 mietete die Kreissparkasse an.

Auf der linken Seite verlockt das Restaurant Domke's Fischhus durch sein originelles uriges Ambiente und dem reichhaltigen Fischangebot dazu, hier die Mittagspause einzulegen.

Bei dem Gebäude, das die alteingesessene Ahlbecker Familie Domke 2007 erwarb, handelt es sich um das historische Ahlbecker Postgebäude. Der Kaufmann Putzenius hatte es 1902 errichten lassen. Zehn Jahre darauf waren insgesamt fünf Postangestellte darin beschäftigt, von der Deutschen Reichspost wurde es schließlich zum Ahlbecker Hauptpostamt erhoben.

Villa Ernst 17

Gegenüber, in der Seestraße 5 (Haus Ricarda), befand sich die Firma Ernst-Druck, an die sich auch heute noch nicht nur die Ahlbecker Einwohner erinnern. Wollte ein Insulaner etwas drucken lassen, Speisekarten für ein Restaurant, ein Prospekt oder Einladungskarten zur Hochzeit, fuhr er bis Mitte der 1990er-Jahre nach Ahlbeck zu Ernst-Druck.

Der Buchdrucker Karl Johann Ernst war in der Villa daneben (Seestraße 4, Villa Ernst) aufgewachsen und gründete 1895 die Firma. Er machte sich schnell einen Namen mit Postkarten, Prospekten, Broschüren, Leihbücherei sowie mit der Herstellung und dem Vertrieb des Ahlbecker Badeanzeigers, der saisonal bis Mitte der 1930er-Jahre erschien. Karl Ernst gehörte als Mitglied der Kirchenvertretung und Gemeindeabgeordneter der führenden Schicht des Ahlbecker Bürgertums an. Er engagierte sich im kulturellen Leben und initiierte 1928 die Schaffung eines Ortswappens. Den Entwurf stellte die Lehrerin Hildegard Scholz. Es ist schräg geteilt mit den Untergrundfarben Blau und Silber, entsprechend den Pommernfarben Blau und Weiß. Der rote Greif oben rechts symbolisiert die Zugehörigkeit zur Provinz Pommern, der Aal auf blauem Untergrund bezieht sich auf den Namen und die Ortsgeschichte.

Die Villa Ernst gehörte dem Buchdrucker Karl Johann Ernst.

Neben der Villa Ernst befindet sich das Haus Ricarda. Hier befand sich einst die Druckerei.

Gemeinsam mit dem Lehrer Robert Erdmann erarbeitete Ernst eine Chronik, in der sie die Entwicklung des Seebades in allen gesellschaftlichen Bereichen und auch das Wirken einzelner Persönlichkeiten darstellten. Nach dem Tod von Karl Ernst im Jahre 1930 führte Sohn Fritz den Betrieb weiter, der Ahlbeck aber 1945 verließ. Die Druckerei wurde von der sowjetischen Kommandantur beschlagnahmt und unterstand ab 1946 dem Landratsamt des Kreises Usedom. Aufträge der Verwaltung dominierten nun die Druckerzeugnisse, darunter die Usedomer Kreisnachrichten. Der in Ostpreußen geborene Günther Korinth beendete seine Lehre als Schriftsetzer bei Ernst-Druck und gründete dann in Ahlbeck eine Familie. 1956 kaufte er die Druckerei und führte sie unter dem Eintrag *»Ernstdruck, Inhaber Günther Korinth, Ahlbeck Seestr. 4/5«* bis zum 31. Dezember 1992. Den zugehörigen Laden pachtete die HO als Schreibwarenverkaufsstelle. Zusammen mit engagierten Ahlbeckern gab Korinth 1990 noch einmal drei Ausgaben des Ahlbecker Badeanzeigers heraus. 1993 kaufte die Firma Hoffmann-Druck aus Wolgast die Druckerei, gab den Standort aber 1996 auf.

Lindenstraße 18

Aus der Seestraße kommen wir auf die Lindenstraße, auch heute noch die Hauptverkehrsstraße in Ahlbeck, da sie rechts nach Heringsdorf und links nach Swinemünde führt. In den 1880er-Jahren setzte hier eine neue Um- und Ausbauphase ein, ausgelöst durch Handwerker und Kaufleute. In diesem Teil des Ortes gab es in beinahe jedem Haus einen Laden und dahinter Lager und Werkstätten. Mit einigen Ausnahmen rangierten praktische Erwägungen vor architektonischem Zeitgeschmack. Neben Fischern und Kaufleuten etablierten sich in der Lindenstraße Schlosser-, Zimmer- und Schmiedemeister, Friseure, Fleischbeschauer, Schneider-, Sattler- und Schuhmachermeister, ein Wagenfabrikant, Bäcker und Konditoren.

Die sogenannte Kaisereiche wurde 1890 an der Ahlbecker Hauptverkehrsstraße gepflanzt.

Alte Postkarten zeigen, dass die Straße um 1908 noch nicht gepflastert war, aber von reichlich vorhandenen Lindenbäumen beschattet wurde. Hinter dem Eckhaus auf der rechten Seite, das noch zur Seestraße gehört, befindet sich der Platz, auf dem einmal Heyn's Hotel stand, aus dem dann das Parkhotel wurde. 1900 wurde dieses zum Rathaus des Seebades umgebaut, bis zum Jahr 2000 als solches genutzt und dann abgetragen. An der Stelle befindet sich heute ein Parkplatz.

Das Backsteingebäude der Lindenstraße 13 wurde 1891 an der Stelle des Gasthauses Zum Frieden für die Gemeinde- und Badeverwaltung erbaut und war die erste zentrale Verwaltung in Ahlbeck. Hier residierte der erste Bürgermeister des Seebades, Ernst Krüger. Das Haus links daneben (Hausnummer 12) war ab 1893 das Postamt.

Die Kaisereiche an der Ecke zwischen Linden- und Wilhelmstraße pflanzte der Ahlbecker Kriegerverein 1890 zum Andenken an die Jahre 1870/71. Dahinter betrieb der Kaufmann Otto Wolfram bis in die 1890er-Jahre einen Ausschank, der danach zum Restaurant- und Logierhaus Kaisereiche ausgebaut wurde. Heute ist es die Pension Zur Eiche.

Die Ahlbecker Schule 19

Unweit befindet sich ein kleiner Park, vor dem die Schulstraße beginnt, die ebenfalls zur Schulzenstraße, dem Ausgangspunkt des Ahlbeck-Rundganges, führt. Hier wurde 1825/26 das erste Schulgebäude mit Lehrerwohnung in Ahlbeck gebaut und bis 1911 genutzt. 1834 verzeichnet die Statistik 38 Mädchen und 34 Knaben. Die Kirchen- und Schulverwaltung Stettin schätzte den Schulbesuch in Ahlbeck »zunehmend fleißig« ein, nachdem es in den Vorjahren häufig Schwierigkeiten in dieser Hinsicht gegeben hatte, denn als Schule und anschließend als Kindergarten. 1912 wurde die neue Schule in der Lindenstraße 112, heute im Bereich der Europäischen Gesamtschule, feierlich eingeweiht. 1927 hatte Ahlbeck nach Swinemünde die größte Schule auf Usedom. 1933 unterrichteten zehn Lehrer in neun Klassen die 402 Schüler. Familien, die es sich leisten konnten, schickten ihre Kinder jedoch nach Swinemünde aufs Gymnasium oder ins Lyzeum. In DDR-Zeiten platzte die Schule trotz Erweiterungsbauten aus allen Nähten, die Kinder wur-

»Altes Schulhaus mit Kirche«, um 1905

die Ahlbecker Fischer waren es nicht gewohnt, ihre Kinder regelmäßig zur Schule zu schicken oder sie brachten das Schulgeld nicht auf.

1888 und 1894 fanden Schulerweiterungsbauten statt. Das Gebäude in der Schulstraße 12 ist noch immer vorhanden, bis 1984 nutzte man es den dezentral unterrichtet, bis 1984 endlich die neue Oberschule unter dem Namen POS Hermann Matern eröffnet wurde.

In der Wilhelmstraße biegt man in die Kirchenstraße ab. Hier in der Kirchenstraße 1, der damaligen Pension Sadewasser, quartierten sich im

Familienfoto aus dem benachbarten Kurpark, um 1900

Mai 1945 die Kraftfahrer und Offiziere der Roten Armee ein. Das Haus wurde ausgewählt, weil sie von dort aus die Kirche, aber auch den Kurpark im Blickfeld hatten, in dem die sowjetischen Militärfahrzeuge standen. Die einfachen Soldaten beschäftigten einige Ahlbecker Frauen mit Reinigungsarbeiten im Haus, brauchten aber auch ihre ständige Hilfe, denn viele der jungen Männer kannten den Umgang mit defekten Glühbirnen nicht und waren auch mit Heizungen, Wasserleitungen und Toilettenspülungen nicht vertraut.

Die Ahlbecker Kirche 20

Nun sehen wir schon die Ahlbecker Kirche, sie steht an dem leicht abfallenden Hang, der die Strandpromenade mit dem Ortskern verbindet. Der rote Backsteinbau mit streng gegliederter Einturmfassade im Westen ist charakteristisch für die Architektur des 19. Jahrhunderts, die trotz vieler Rückgriffe auf vergangene Epochen zu eigener künstlerischer Aussage kam. Der quadratische Turm mit architektonisch hervorgehobenem Eingangsportal ist leicht vorgesetzt. Auch dieser, in der Zeit des Historismus errichtete Kirchenbau zeigt die Aufnahme von gotischen Stilelementen, die sich vor allem in der Verwendung des Spitzbogens und seitlich angesetzter Strebepfeiler äußert.

Eine gründliche Innenrenovierung wurde von 1970 bis 1975 durchgeführt, dabei verzichtete man auf die ursprüngliche ornamentale Ausmalung und strich die Wände weiß. Später wurde das Dach erneuert. Abgesehen von diesen Veränderungen ist in der Ahlbecker Kirche die gesamte Ausstattung aus der Erbauungszeit erhalten.

An den kleinen Vorraum, der auch als Zugang zu Turm und Empore genutzt wird, schließt sich der eigentliche Kirchenraum an. Es handelt sich um einen Saalraum mit kurzen, querhausartigen Erweiterungen. Die Raumwirkung wird von der mächtigen hölzernen Spitztonne bestimmt, welche den ganzen Raum überspannt und sehr aufwendig gestaltet ist.

Die Ausstattung der Kirche konzentriert sich auf den Chorraum, der einen Sandsteinaltar mit giebelartigem Altaraufsatz und steinernem

Luftbild Ahlbecks mit der Ahlbecker Kirche im Hintergrund, 1930

Innenansicht der Ahlbecker
Kirche, 2018

Altarkreuz enthält sowie drei farbig verglaste Fenster. Der Innenraum wurde bewusst mit wenig Ausstattung versehen und lebt vollständig durch seine Holzkonstruktion, wobei die umlaufenden Holzemporen eine Besonderheit darstellen. Die Orgel wurde 1895 von der bekannten Stettiner Orgelbaufirma Grüneberg für die Ahlbecker Kirche gefertigt.

Seit 1900 ziert die Empore ein Bildnis Johann Christian Kochs, geschaffen vom Berliner Genre- und Porträtkünstler Theodor Ziegler. Der Lehrer wird auch durch eine Gedenktafel neben dem Eingang geehrt. Sein Grabstein steht direkt hinter der Kirche an der Kurparkstraße.

Koch, 1818 in Stolpe auf Usedom geboren, wurde 1841 auf Wunsch der Fischer im noch zweigeteilten Ahlbeck als Lehrer eingestellt. Der Schulvorstand hatte ihm nach einer Probelektion *»ein recht gutes sittliches Verhalten, ziemlich gute Kenntnisse in deutscher Sprache, Vorlesen, Freischrift, Raumlehre, Erdkunde und Naturkunde«* bescheinigt. Zudem beherrschte der talentierte junge Mann Violine, Klavier und Orgel. Er gründete 1847 den ersten gemischten vierstimmigen Chor auf der Insel Usedom, der als Koch'scher Chor und damit als ältester Verein der Insel in die Geschichte einging. Auch engagierte er sich für die Entwicklung des Badewesens in Ahlbeck, so richtete seine Frau im Schulhaus eine Mittagsküche für Fremde ein. 1865 gründete Koch das Commitee für den Kirchenbau. Zu seinem Freundeskreis gehörte die Gräfin Adeline Schimmelmann, häufiger Sommergast in Ahlbeck, die in ihrem Testament 2000 Mark Spendengeld für eine Kirchenglocke festlegte. Als ausreichend Finanzen, 70000 Mark aus Sammlungen und Bereitstellungsmitteln der Regierung, vorhanden waren, erhielten die Ahlbecker das Bauland als Gnadengeschenk aus dem hiesigen Besitz

Die Kirche steht auf dem Hang, der die Strandpromenade mit dem Ortskern verbindet.

der Reichsgräfin zu Stolberg-Wernigerode. Im Juli 1894, sechs Wochen nach dem Tod Johann Kochs, wurde der Grundstein für die Kirche gelegt. Im August 1895 erfolgte die festliche Einweihung. Die neu errichteten Bäderkirchen wurden zunächst noch jahrzehntelang von Pfarrern der Dorfkirchen betreut. Die Gemeinde erhielt 1951 eine eigene Pfarrstelle.

Der 1895 angelegte Kurpark

Der Kurpark 21

Der Kurpark zwischen Kirche und Promenade wurde 1895 angelegt. Das heutige Rathaus wurde 1896 als Gemeindewarmbad errichtet. In seinem Ursprung ist das Gebäude ein zweigeschossiger vierachsiger Backsteinbau mit gerade angesetzten, neunachsigen eingeschossigen Flügeln. Die Wannen und Becken waren gemauert. Der verandaartige Anbau, eine Eisenguss- und Stahlkonstruktion, steht auf massiv verputztem Sockel. Im Ahlbecker Badeanzeiger war zu lesen:

»Außerdem bietet das mit allem Comfort ausgerüstete, 28 Zellen umfassende und jährlich erweiterte Warmbad warme See-, Sol-, Schwefel-, Moor-, Schwitz-, Kohlensäure- und sonstige medizinische Bäder, ebenso Fangobehandlungen.«

Die baulichen Veränderungen erfolgten Anfang der 1970er-Jahre durch das Aufstocken der Flügel in Vorbereitung einer Nutzung als Kinderkrippe. Bis 1980 wurde aber auch das Bad weiter betrieben. Die Ruhehalle auf dem Hof des Hauses, deren Deckenträger gusseiserne Säulen stützten, gibt es heute nicht mehr. Seit dem Jahre 2000 wird das Gebäude als Rathaus genutzt, ist heute Sitz des Bürgermeisters und Verwaltungsgebäude der drei Kaiserbäder.

Unterwegs in Ahlbeck hörten wir immer wieder die polnische Sprache, auch in Geschäften, Restaurants und Hotels trifft man auf unsere Nachbarn, die meist sehr gut Deutsch sprechen und nur an ihrem Akzent zu erkennen sind. Auch das ist eine Besonderheit des östlichsten deutschen Seebades, dass hier zwei Völker friedlich und freundlich neben- und miteinander leben und voneinander profitieren.

Am Ahlbecker Rathaus endet die Schulzenstraße und wir sind wieder an unserem Ausgangspunkt des Spaziergangs durch das Ostseebad angelangt.

Das Ahlbecker Rathaus, 2017

Ein Spaziergang durch das Seebad Heringsdorf

Heringsdorf ist das Seebad der Superlative – von der längsten Strandpromenade Deutschlands geht man auf die längste Seebrücke Kontinentaleuropas, daneben steht der größte Strandkorb der Welt.

Am Ende des 19. und zu Beginn des 20. Jahrhunderts war Heringsdorf das Modebad in Deutschland. Jeder, der es sich leisten konnte, fuhr hierher in die Sommerfrische zum Sehen und Gesehen werden. Neben dem Hochadel – selbst Kaiser Wilhelm II. kam gern auf einen Tee vorbei –, den Berliner Bankiers und Unternehmern zählten zu den Gästen auch Künstler wie Lyonel Feininger, Musiker wie Johann Strauß oder Schriftsteller wie Maxim Gorki, Theodor Fontane, Leo Tolstoi oder Thomas Mann. Auch heute sind Künstler gern gesehene Gäste in Heringsdorf. Ob Schauspiel, Kabarett oder Lesungen – die Bretter, die die Welt bedeuten, sind in Heringsdorf im Theaterzelt Chapeau Rouge zu finden. Beim Internationalen Kleinkunstfestival treten dort und auf der Promenade Varieté-Künstler aus der ganzen Welt auf. Ein Zentrum der Kultur ist der Kaiserbädersaal. Die Usedomer Literaturtage, Dichternächte, Konzerte, Bälle und das Usedomer Musikfestival sind hier zu Hause.

Dabei ist die Heringsdorfer Geschichte relativ kurz, noch nicht einmal zweihundert Jahre alt, aber dennoch sehr umfangreich. Sie spiegelt sich wider an den Fassaden der Bäderarchitektur aus der Gründungszeit des Seebades, in Versen, Essays und Reisebeschreibungen, in Gemälden und unzähligen Fotografien, aber auch in den Biografien berühmter Leute. Deren Erinnerungen an Heringsdorf sind wohl immer verbunden mit glücklichen, unbeschwerten Tagen in der Sommerfrische, meist in angenehmer Gesellschaft und immer in der Natur. Dabei spielte der Buchenwald oft eine größere Rolle als der Strand und die Ostsee, was verständlich ist, wenn man die damaligen Badesitten bedenkt. Der Schriftsteller Karl Koch verglich Heringsdorf mit *»einem Diamanten, den man in den Kelch einer Waldblume versenkt hat«.*

Das alte Heringsdorfer Wappen zeigt drei Heringe.

Hier oben auf dem Kulm, wo dieser Buchenwald bis heute erhalten geblieben ist, begann die Geschichte des Ortes. Und hier beginnen wir auch den Spaziergang auf den Spuren berühmter Gäste des Seebades.

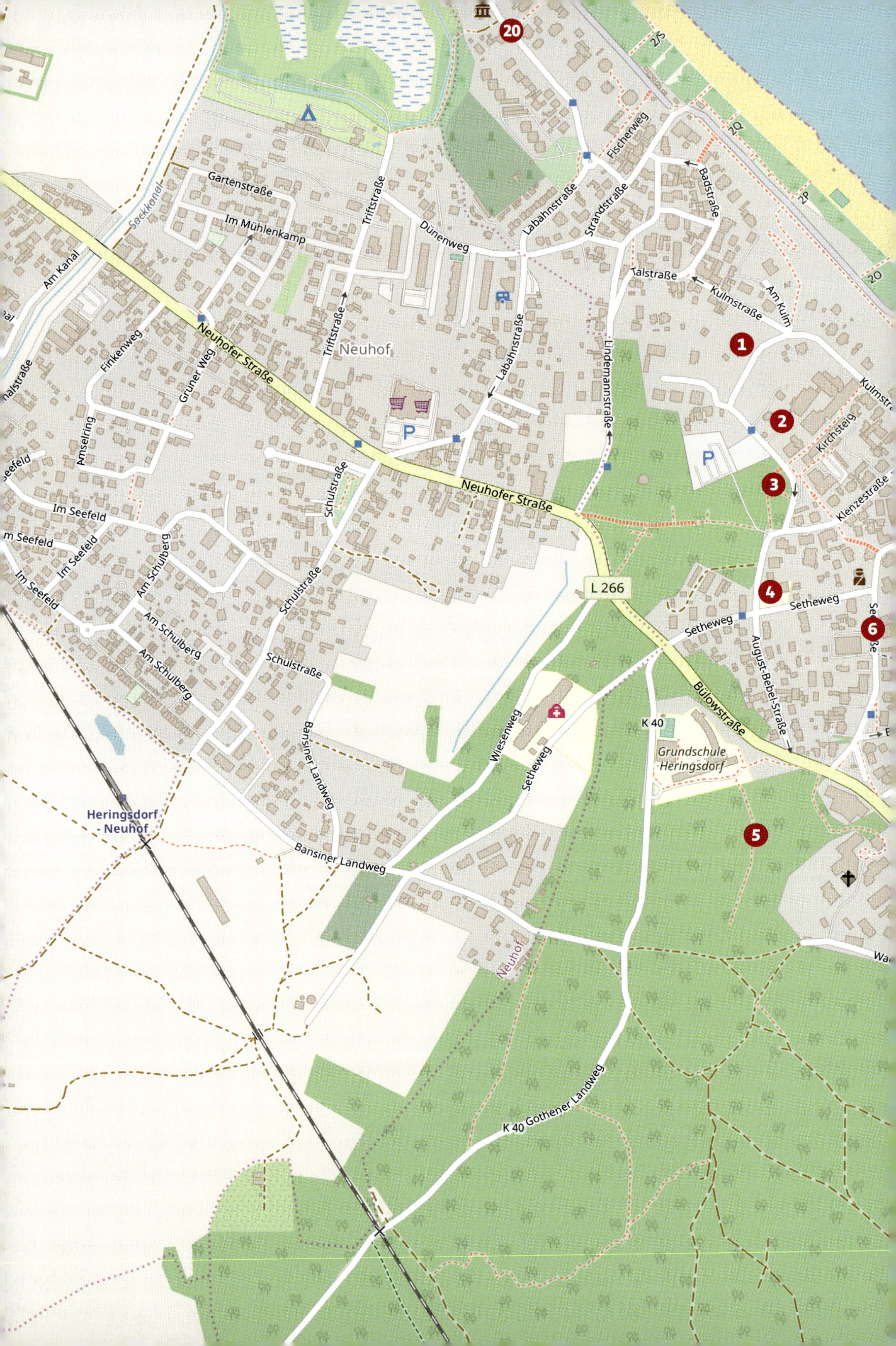

Neuhof
Neuhofer Straße
Gartenstraße
Im Mühlenkamp
Triftstraße
Dünenweg
Labahnstraße
Strandstraße
Fischerweg
Badstraße
Talstraße
Kulmstraße
Am Kulm
Lindemannstraße
Kirchsteig
Klenzestraße
Setheweg
August-Bebel-Straße
Bülowstraße
L 266
K 40
Grundschule Heringsdorf
Wiesenweg
Schulstraße
Bansiner Landweg
K 40 Gothener Landweg
Heringsdorf - Neuhof
Sackkanal
Am Kanal
Finkenweg
Grüner Weg
Amselring
Im Seefeld
Am Schulberg
20
1
2
3
4
5
6
P

1 Auf dem Kulm
2 Die Delbrücks
3 Die Heringsdorfer Kirche
4 Die Schule
5 Kur- und Heilwald
6 Die Seestraße
7 Domkes Fisch-Pavillon
8 In der Friedenstraße
9 Goethepark
10 Bahnhof Heringsdorf
11 Villen in der Delbrückstraße
12 Die östlichen Villen
13 Die Strandpromenade
14 Das Badewesen
15 Die Villen an der Seebrücke
16 Auf und vor der Seebrücke
17 FDGB-Ferienheime
18 Kurplatz
19 Hotels und Villen hinter der Promenade
20 Zurück auf dem Kulm
21 Sehenswürdigkeiten westlich des Zentrums
22 Zurück auf der Promenade
Seebrücke Heringsdorf
Seebrücke Heringsdorf
Heringsdorf
Strandpromenade
Delbrückstraße
Friedenstraße
Goethe-Park
Liehrstraße
Bülowstraße
Seebad Heringsdorf
Am Bahnhof
Puschkinstraße
Grenzstraße
Ahlbeck
2M
2L
2K
2/I
2/H
2/G
2/F
2/E
2/D
2/C
2/B
2/A
1/Z
1/Y

Auf dem Kulm ❶

Georg Bernhard von Bülow, Neffe des preußischen Finanzministers und übrigens ein Vorfahre Vicco von Bülows (Loriot), hatte 1817 die Gothener Besitztümer mit den Dörfern Neukrug, Neuhof und Adlig-Ahlbeck erworben. Neben der Bewirtschaftung des Waldes förderte von Bülow den Verkauf von Land an Fischer in Ahlbeck und östlich von Neukrug. So entstand unterhalb des Kulm, etwa dort, wo sich heute das Zentrum von Heringsdorf befindet, eine neue Heringsfischerkolonie.

Der Gründer Heringsdorfs: Oberforstmeister von Bülow

Auf dem Kulm, mit 35 Metern die höchste Erhebung in Heringsdorf, ließ sich der Oberforstmeister 1819 ein Sommerhaus errichten, im typischen Gutsherrenstil, von keinem Geringeren als dem Baumeister Karl Friedrich Schinkel. Es diente als Unterkunft für auserwählte Sommergäste und trug bis in die 1920er-Jahre den Namen Bülow'sches Logierhaus.

1851 verkaufte von Bülow das Gut Gothen und auch dieses Haus hatte viele Besitzer. Als es den Grafen zu Stollberg-Wernigerode gehörte, logierten Angehörige des preußischen Kaiserhauses dort, so der spätere Kaiser Friedrich III., der als der 99-Tage-Kaiser in die deutsche Geschichte einging. Er besuchte im August 1866, unmittelbar nach der Schlacht bei Königgrätz, seine Familie im jetzigen Hotel Weißes Schloss. Dies waren die Kronprinzessin Victoria mit ihren Kindern Wilhelm (dem späteren Kaiser Wilhelm II.), Heinrich, Charlotte und Victoria.

Den Namen Weißes Schloss erhielt das Haus, als es in den 1920er-Jahren dem Theaterdirektor Reinhold Knöbl, genannt Gollbach, gehörte. Dessen Gattin ließ ringsherum eine Gartenlandschaft anlegen und dafür einen großen Teil der vorhandenen Buchen roden. In dieser Zeit waren dort viele Berliner Künstler zu Gast wie die legendäre Kabaretttruppe »Chat noir« gemeinsam mit Kurt Tucholsky. Er soll bei seinen Spaziergängen immer Papier und Bleistift bei sich getragen haben. Vielleicht kam ihm dabei die Idee, einen »Saisonbeginn an der Ostsee« zu beschreiben:

»Marie, der Lenz ist da – und allenthalben hebt ein geschäftiges Leben und Treiben an und versetzt die biedere Bevölkerung der Wasserkante in die höchste Aufregung.

Die Ostseewirte sind aus langem Winterschlaf erwacht und recken faul die gewaltigen Glieder. Langsam kriechen sie aus den wärmenden Speckhüllen, die sie in der rauen Jahreszeit vor den Unbilden des unwirschen Klimas geschützt haben, die Fenster fliegen auf, und in riesigen Schwaden entweicht ein trüber Grogdunst in den hellblauen Frühlingshimmel. Kräftige Fäuste packen die Stoffüberzüge, mit denen winters die Wälder zugedeckt werden, zerren daran und reißen sie herunter; die jubelnde Jugend reinigt den Strand und schüttet frischen Sand als Streu für die zu erwartenden Kurgäste auf. Saisonbeginn! (...) Und der Landrat hebt den Zylinder und spricht. Auftakt und Anfangssig-

Blick auf den Kulm

nal der Sommerzeit 1922: ›Hiermit erkläre ich die Ostsee für eröffnet!‹«

Im Zweiten Weltkrieg wurde das Gebäude als Kindererholungsheim genutzt. 1945 war in diesem Haus eine Schwadron sowjetischer Reiter untergebracht. Für die Versorgung der Pferde wurden täglich zwei bis drei Fuhren Heu benötigt, was von 22 weiblichen Einwohnern bewerkstelligt wurde. Unmittelbar nach 1945 wurde das Weiße Schloss zunächst wieder Kindererholungsheim, danach Kreisparteischule und Erholungsheim der SED. Es trug den Namen Fritz Behn, eines kommunistischen Widerstandskämpfers, der aus Benz stammte.

Am 7. Juni 1820 erhielt Heringsdorf seinen Namen. Der preußische König Friedrich Wilhelm III. hielt sich auf Usedom auf, um die zu dieser Zeit größte und teuerste Baustelle seines Landes, den Molenbau in Swinemünde, zu inspizieren. An diesem Tag unternahm er einen Abstecher nach Koserow und Wolgast. Er wurde begleitet von seinen drei Söhnen, von denen einer der spätere Kaiser Wilhelm I. werden sollte. Auf Einladung des Oberforstmeisters von Bülow rastete die Reisegesellschaft in der kleinen Fischerkolonie, wo der König das Einsalzen und Verpacken des Herings in Augenschein nahm und wohl auch den frisch gefangenen und auf der Stelle zubereiteten Fisch genoss. Als der Oberforstmeister die Gelegenheit nutzte und ihn um die Namensgebung für die neue Kolonie bat, ließ sich der König von diesem Mahl sowie von dem Anblick der Fischer und der Heringsfässer zu dem wenig fantasievollen Namen Heringsdorf inspirieren.

1824 ließ von Bülow seinem Haus gegenüber ein Gesellschaftshaus bauen, ein Wirtshaus mit großem Garten, das sich zum Treffpunkt der

Das Hotel Weißes Schloss erhielt seinen Namen in den 1920er-Jahren.

ersten Heringsdorfer Gäste entwickelte. Das Gebäude wurde jedoch 1926 wieder abgerissen. An der anderen Seite, der See zu, stand ein Aussichtspavillon. Für den Bau von Sommerhäusern verkaufte von Bülow Parzellen, sodass sich Heringsdorf stetig östlich des Kulm ausdehnte. Damals entstanden die Grundzüge des heute noch vorhandenen Ortsnetzes.

Ein Teil der Gäste wohnte bei den Fischern und musste alles, was man für einen Sommeraufenthalt benötigte, mitbringen. 1825 bezeichnete sich Heringsdorf bereits als Badeort, 1859 umfasste es 48 bebaute Grundstücke, ein Hotel und eine Postagentur. 1846 verzeichnete Heringsdorf 90 Einwohner und 400 Badegäste, 1870 waren es bereits 2140 Gäste und 165 Einwohner. 1910 besuchten laut Statistik über 15000 Menschen das Seebad.

Namhafte Persönlichkeiten entdeckten Heringsdorf und hatten eines gemeinsam: Sie lobten besonders die Natur, die Buchenwälder, die sanften Hügel und die Aussicht auf die Ostsee. Außerdem zeigten sich einige besorgt darüber, dass die Ruhe und Beschaulichkeit des Ortes durch zunehmenden Bekanntheitsgrad verloren ginge. Dabei waren sie es selbst, die den Ruf von Heringsdorf verbreiteten. Einer der ersten Badegäste Heringsdorfs war Georg Wilhelm Haering, der seine Werke unter dem Namen Willibald Alexis veröffentlichte. Er gilt als Begründer des realistischen historischen Romans in Deutschland. Noch heute bekannt sind z. B. »Die Hosen des Herrn von Bredow«, »Der falsche Waldemar« und »Ruhe ist die erste Bürgerpflicht«. Er war einer der Ersten, der eine Sommervilla in Heringsdorf besaß, und, obwohl er selbst viel für das Bekanntwerden des Ortes tat, befürchtete er, dass das idyllische Dorf durch weiteren Gästezustrom seinen Reiz verlieren könnte. Diese Sorge bringt er in seiner 1836 geschriebenen Novelle »Meeresschaumflocken« durch einen Dialog zum Ausdruck:

»›*Lauter Berliner, Gelehrte und so was, haben sich da angekauft und meinen, es wird ein neuer Badeort werden. Für Kavaliere wird das nie was.*‹ (...)

›*Wenn es nur einen anderen Namen hätte*‹, *sagte der Maler, der eine Skizze vom Ufer nahm.*

›*Der Name ist echt historisch*‹, *erwiderte der Archäologe.* ›*Es hätte noch vor Jahren gar keinen. Da bat man einen Prinzen, der die schöne Gegend besichtigte, zum Paten, und weil man ihm gerade in dem Moment auch einen frisch gefangenen Küstenhering präsentierte, rief er launig:* ›*Ei, so taufen wir es Heringsdorf!*‹ (...) *Und ich fürchte mich, wenn das reizendste Dorf der ganzen Ostseeküste vom fernen Preußen bis nach Holstein – nur Kloster Olivia liegt noch malerischer – mehr und mehr Städtisches annimmt. Die ersten Häuser wurden von Freunden der Natur gegründet, die sich aus dem Badegewühl der Stadt in diese liebliche Einsamkeit zurückzogen. An einer schroffen Wand, dicht über dem Meere, dessen Unermeßlichkeit vor sich, hinter sich umschattet und umrauscht von dem alten herrlichen Buchenwald, der sich tief in die Insel zieht, konnten sie keinen schöneren Platz wählen. Es ist zugleich ein Stranddorf und ein Gebirgsdorf, so dicht am Meere und so malerisch unordentlich auf Hügeln gruppiert. Und die Seitenblicke in stille duftige Waldtäler, wie wenn die ganze Niederlassung eine hohe grüne Laubinsel ist, die sich halb aus dem Meere, halb aus der flacheren Insel erhebt.*

Aber wenn man den alten Wald weiter aushaut, alle Hügelspitzen bebaut und die wenigen dazwischen stehen gebliebenen Bäume nicht besser pflegt als jetzt, so muß der unbeschreibliche Naturreiz weichen, und ich weiß nicht, ob die Architektur ihn ersetzt. Hier wären Schweizerhäuschen, Strohdächer an ihrer Stelle, statt der gemauerten spitzen Giebelhäuser, blühende Gärten dazwischen, und nur ein großes Haus baute ich auf, wenn ich Herr wäre; dort auf jenem Uferberge, wo noch die vereinzelten hohen Buchen, ein Rest des Waldes, ins Meer nicken, müßte sich eine Kirche erheben, deren gotische Turmspitze, vergoldet von der Morgensonne, weit über das baltische Meer glänzte, der schönste Leuchtturm den Schiffern.‹«

Schon bald nach Alexis kamen andere berühmte Gäste nach Heringsdorf wie die Familie des Märchenerzählers Wilhelm Grimm, die Schwestern von Felix Mendelssohn Bartholdy, die besonders schöne und ausführliche Briefe aus ihrem Sommeraufenthalt schrieben, viele heute weniger bekannte Dichter und Maler, aber auch Staatsmänner wie der österreichische Außenminister oder der Direktor des preußischen Polizeiministeriums. Zu den noch heute bekannten Gästen des Seebades gehörte auch Karl Baedeker, Verfasser der berühmten Reisehandbücher. In einer Ausgabe seines »Deutschland Baedeker« bezeichnet er Heringsdorf als das »*eleganteste der Ostseebäder*«, fügt aber hinzu, dass es »*nicht eben billig*« sei.

Die Delbrücks 2

Auch die beiden Häuser der Kirche gegenüber sind in der Gründungszeit des Ortes entstanden. Die linke war eine Villa der Delbrücks, dieser für das Seebad Heringsdorf wohl wichtigsten Familie. Die Delbrücks, wirtschaftlich und politisch stark engagierte Leute, waren Mitbegründer der Deutschen Bank, Begründer des Bankhauses Leo & Co. und der Concordia-Versicherung. 1863 begaben sich die Brüder Adelbert und Hugo Delbrück, der Mode dieser Zeit entsprechend, auf die Suche nach einer Sommerwohnung an der Ostsee. Sie sahen sich zunächst auf Wollin um, fanden aber nichts, was ihren Ansprüchen genügte, und entdeckten dann das jungfräuliche Heringsdorf. Später erinnerten sie sich: »*Wir fuhren bald nach Sonnenaufgang am Strande entlang, und als wir dann vom Strande herauf in den Buchenhain einfuhren, der von der Sonne beschienen im ersten Grün prangte, riefen wir gleichzeitig aus: ›Weg mit Misdroy, wir bleiben hier!‹*« Als 1872 der Verkauf des Rittergutes Gothen anstand, entschlossen sich Hugo und Adelbert Delbrück zum Kauf, nachdem das nötige Kapital von 115000 Talern auf-

Werner Delbrück starb 1910 beim Absturz seines Heißluftballons auf Rügen.

Adelbert Delbrück, Gemälde

gebracht worden war. Die weiteren Geschicke des Badeortes wurden von nun an von der Aktiengesellschaft Heringsdorf bestimmt. Die Delbrück-Brüder wählten Heringsdorf zu ihrem Wohnsitz und erbauten zwischen den Dünen und der heutigen Delbrückstraße ihre Häuser.

1879 wurde nach kaiserlicher Zustimmung aus Heringsdorf und Neukrug das Seebad Heringsdorf. Wie schon der Oberforstmeister von Bülow setzten auch die Delbrücks auf das »gehobene Publikum« und schufen die nötigen Voraussetzungen. Hauptsächlich wohlhabende Berliner kauften das »Land hinter den Dünen« in großen Parzellen und die in Richtung Ahlbeck verlängerte Strandpromenade wurde zur repräsentativen Flaniermeile. In dieser Zeit, zwischen 1872 und 1900, bekam das Seebad sein heutiges Aussehen. Heringsdorf wurde als das »Nizza der Ostsee« bezeichnet und um die Jahrhundertwende hielt sich hier fast jeder, der in Deutschland Rang und Namen hatte, zu einem Besuch auf. Hinweise auf diese Gäste geben heute die grünen Schilder, die man an Häusern oder Zäunen sieht.

Auch die beiden Söhne von Hugo Delbrück hatten einen großen Anteil an der Entwicklung des Seebades. Victor Delbrück war Nachfolger seines Vaters als Leiter der Aktiengesellschaft. Nachdem Victor im Alter von nur 45 Jahren verstorben war, übernahm dessen Bruder Werner Delbrück diese Aufgabe. In ihrer Amtszeit entstanden für das Seebad wichtige Einrichtungen wie die Verlängerung der Promenade nach Ahlbeck (1902), die Pferderennbahn und die Bismarckwarte (1907), die beide heute nicht mehr existieren, und das Familienbad (1909–10).

Auffällig an dem Wohnhaus von Werner Delbrück in der Rudolf-Breitscheid-Straße, das nach seinen Plänen gebaut wurde, ist der von einem Glasdach gekrönte mächtige Lichtschacht. Es heißt, dass er diesen Schacht zur Aufbewahrung seiner Heißluftballons errichten ließ. Der Reichstagsabgeordnete, Chemiker und Doktor der Philosophie war ein leidenschaftlicher Ballonfahrer. Schon 1908 wäre er zusammen mit dem Hotelier Emil Lindemann und dem Ingenieur Hans Gericke bei einer Ballonfahrt über der Ostsee fast tödlich verunglückt. Ein Regierungsdampfer rettete alle Insassen. Dr. Werner Delbrück ließ sich jedoch nicht abschrecken. Im April 1910 startete er wieder mit drei Freunden von Stettin aus. Schon beim Start hatten sie Schwierigkeiten, die notwendige Höhe wurde nicht erreicht, es gab einen Zusammenstoß mit einem Fabrikschornstein, bei dem Dr. Delbrück schwere Kopfverletzungen sowie Arm- und Beinbrüche erlitt. Eine Landung scheiterte, weil die Ventilleine riss und der Ballon trieb, ohne dass die Insassen Einfluss nehmen konnten, über das Haff, über Swinemünde auf die Nordspitze Rügens zu. Schwere Wolken drückten den Ballon bis auf 50 Meter herunter. In der Nähe von Sassnitz, 500 Meter vom Land entfernt, fiel er aufs Wasser und die Gondel zerbarst. Nur einer konnte sich an der Ballonhülle festhalten und wurde gerettet, die anderen

Die Heringsdorfer Bismarckwarte entstand 1907.

drei ertranken. Auf Wunsch der Familie erhielt Werner Delbrück zunächst ein Seemannsgrab in der Nähe von Rügen. Es heißt, dass Fischer wiederholt mit ihrem Grundschleppnetz mit dem Zinksarg in Berührung gekommen seien, wodurch die Netze zerstört wurden. Der Sarg wurde deshalb später an Land geholt und der Tote erhielt ein Erdbegräbnis.

Heringsdorf hat das Wirken der Delbrücks mit der Stiftung eines Gedenksteins und der Benennung einer Straße gedacht. So bleibt der Ort auch heute noch mit diesen Förderern eng verbunden. Das Delbrück'sche Anwesen war zu DDR-Zeiten Poliklinik und gehört heute zur Inselklinik Heringsdorf.

Neben der Villa Delbrück, gegenüber der Kirche, ließ der einheimische Bäckermeister Carl Haefke ein großes Logierhaus erbauen, in dem nicht einzelne Zimmer, sondern ganze Wohnungen, möglichst geschlossene Etagen, vermietet wurden. Zu den kapitalkräftigen Gästen, die solchen Luxus bezahlen konnten, gehörten schon in den ersten Jahren russische Großfürsten mit ihren Familien, dann auch der damals hoch angesehene Maler Kaulbach aus München. Dennoch überstiegen die Kosten ständig die Einnahmen und das Haus wechselte häufig den Besitzer. Vierzig Jahre nach dem Bau fiel es an die Christliche Kinderhilfe, drei Jahre später wurde es die Zentrale für Kriegsbeschädigte und Kriegshinterbliebene, die dem Gebäude auch den neuen Namen gab. Als Haus Jugendland diente es der Erholung bedürftiger Großstadtkinder, hauptsächlich Kindern aus sozial schwachen Berliner Familien.

Als nach dem Zweiten Weltkrieg die einstige Kreisstadt Swinemünde polnisch wurde und somit auch die dortigen medizinischen Einrichtungen für Deutschland verloren gingen, wurde dieses Gebäude für rund 50 Jahre das Krankenhaus für den ganzen Ostteil und das südliche Hinterland der Insel.

Die Heringsdorfer Kirche 3

Bereits am Rande des Buchenwaldes befindet sich die Heringsdorfer Kirche. Dass die Buchen bis heute erhalten blieben, ist sowohl dem Oberforstmeister von Bülow als auch den Delbrücks zu verdanken, die darauf achteten, dass keine Bäume unnötig gefällt wurden. Heute spricht man viel über Naturschutz, damals hat man ihn praktiziert.

Solange Heringsdorf über kein eigenes Gotteshaus verfügte, gehörte die Gemeinde zum Kirchspiel Benz. Besonders die zunehmende Anzahl der Badegäste empfand jedoch den acht Kilometer weiten Weg als Mangel und so begann man in Heringsdorf im Jahre 1838 mit der Sammlung für eine eigene Kirche. Bernhard von Bülow stellte nicht nur den Bauplatz unentgeltlich zur Verfü-

Die Heringsdorfer Kirche konnte im September 1848 eingeweiht werden.

gung, er war es auch, der einen Aufenthalt von Friedrich Wilhelm IV. in Swinemünde nutzte, diesen um einen Baukostenzuschuss zu bitten. Der König bewilligte 1700 Taler, verbunden mit der Forderung, dass die Kirche nach Plänen des Hofbaumeisters Reinhold Persius zu bauen sei.

Am 3. September 1848 konnte die Kirche schließlich eingeweiht werden. Dabei handelte es sich um einen Saalbau mit östlich abschließender Apsis sowie Vorhalle und Turm im Westen.

Nachdem sich die Kirche für die wachsende Zahl der Besucher als zu klein erwiesen hatte, wurde 1914 ein Erweiterungsbau vorgenommen. Der Kirchenraum wurde an beiden Längsseiten durch rechteckige Anräume vergrößert, die tragenden Wände durch Achtkantpfeiler ersetzt. Im oberen Bereich zog man Emporen ein. Farbige Glasfenster kamen hinzu. In diesem Zusammenhang wurde auch die Orgelempore vergrößert, um eine Verbindung zu den seitlichen Emporen herzustellen.

Die Orgel hatte der Stettiner Orgelbauer Emil Kaltschmidt gebaut. Kein Geringerer als der Komponist Carl Löwe, zu der Zeit Organist an der Stettiner Jakobikirche, überprüfte sie 1851 und nahm sie ab.

Bemerkenswert an der Heringsdorfer Kirche ist der hohe Feldsteinsockel, der an der Ostseite als Ausgleich zur Hanglage dient. Bei dem Bau wurde an die Vorstellung von der »Natur als Kirche« angeknüpft. Die offene Vorhalle bot damals noch einen schönen Blick über die Insel. Das Erlebnis der Natur sollte den Gottesdienst einstimmen helfen und danach die erfahrene Andacht vertiefen. Durch die inzwischen hoch gewachsenen Buchen lässt sich diese Absicht nur noch teilweise verwirklichen.

Foto: Schiwago, wikimedia commons, GNU 1.2

Der Feldsteinsockel der Heringsdorfer Kirche

Die Schule ❹

Hinter der Kirche, an der Ecke Setheweg/August-Bebel-Straße, befindet sich ein gelbes Gebäude. Das war die erste Schule in Heringsdorf, gebaut erst 1885. Vorher mussten die Heringsdorfer Kinder die Schule im etwas weiter entfernten Ortsteil Neuhof besuchen. Wie wenig Wert damals auf die Schulbildung gelegt wurde, wird auch dadurch deutlich, dass nur zwei Lehrer 197 Kinder in zwei Klassen unterrichteten. Erst 1902 wurde ein dritter Lehrer eingestellt.

In den Folgejahren entstand ein neues Schulgebäude in Neuhof. 1926 gab es dort sieben Klassen und sechs Lehrer. Erst 1952 erfolgte ein Schulneubau an der Neuhofer Straße. Die Schule erhielt den Namen Maxim Gorki und wurde zunächst als Gymnasium, später als Polytechnische Oberschule (POS), etwa mit der heutigen Realschule vergleichbar, geführt. Seit 1991 war sie wieder Gymnasium und ist nach einem gründlichen Umbau eine moderne Grundschule für alle drei Kaiserbäder. Das ältere der beiden Schulgebäude beherbergte bis 2016 die Grundschule.

Das Haus gegenüber ist der Schulhort, hier werden die Grundschüler nach dem Unterricht und auch in den Ferien betreut. Noch heute ist der ursprüngliche Zweck dieses Gebäudes leicht zu erkennen. 1898 wurde in Heringsdorf die Freiwillige Feuerwehr gegründet, für dieses neue Feuerwehrgebäude stellte die Aktiengesellschaft Heringsdorf das Grundstück zur Verfügung. Es wurde im Mai 1900 eingeweiht. 1998 wurde die neue Feuer- und Rettungswache an der B111 fertiggestellt.

Das Gebäude diente noch bis 2016 als Grundschule.

Kur- und Heilwald 5

An der Tischlerei Bartels vorbei geht es Richtung Bülowstraße. Diese hieß zusammen mit der heutigen Seestraße einmal Kaiserstraße. Auf der gegenüberliegenden Straßenseite, etwas erhöht, befindet sich die neue Grundschule der drei Kaiserbäder. In dem Buchenwald dahinter lag eine der eindrucksvollsten Delbrück'schen Schöpfungen, eine Pferderennbahn mit allem, was dazu gehörte. Sie wurde aber schon vor dem Ersten Weltkrieg geschlossen, übrig gebliebenen sind nur einige Fundamente und sehr schöne Reitwege. Noch weiter südlich liegt sehr idyllisch das Dorf Gothen.

In diesem Waldgebiet entstand vor Kurzem eine Anlage, die Heringsdorf als Kur- und Erholungsort erheblich aufwerten wird – der erste sogenannte Kur- und Heilwald Europas. Nachdem sich Experten über zwei Jahre hinweg intensiv mit der Nutzung und Vermarktung des Waldes als Therapeutikum beschäftigt haben, ist der Prototyp auf der Insel Usedom nun fertig. Es wurden dafür drei Rundwege mit unterschiedlichen Längen, Steigungen und Schwierigkeitsgraden auf bestehenden Waldwegen ausgewiesen. Einer dieser Pfade ist mit Blindenleitsteinen ausgestattet, die es Menschen mit Sehbehinderung ermöglicht, den Weg mit dem Stock zu ertasten. Entlang der Route befinden sich Infotafeln zur Geschichte, ein »Poesie-Pfad« hält Zitate berühmter Persönlichkeiten zum Wald bereit. Es gibt Heilwald-Stationen wie den Platz der Stille und Ruhe und den Sensorik- oder Motorikpfad. Von einem Aussichtspunkt hat man einen atemberaubenden Blick über die Ostsee.

Die Pferderennbahn wurde 1907 eröffnet.

Die Seestraße 6

In der Seestraße, der direkten Verbindung vom Bahnhof zum Strand, stehen die ältesten Heringsdorfer Hotels, die besten Beispiele für die Wilhelminische Bäderarchitektur. Dabei handelt es sich nicht um einen Baustil, sondern es ist die Bezeichnung für diese, in der zweiten Hälfte des 19. Jahrhunderts bis zum Ersten Weltkrieg entstandenen Bauten, die einen ganz bestimmten Zeitgeist widerspiegeln. Es sind Einrichtungen, die speziell für einen Sommeraufenthalt an der See errichtet wurden. Da es für die Größe und den Stil der Häuser keine Vorschriften gab, konnten die Bauherren ihren architektonischen Wünschen, je nach Geldbeutel, freien Lauf lassen. So übertrafen sich die Sommerbauten gegenseitig in Gestaltung und Glanz und waren ein Spiegelbild der gesellschaftlichen Stellung ihrer Bauherren. Die Besonderheit und der Reiz dieser Baudenkmale liegen in der Zusammenstellung der verschiedenen Bau- und Stilelemente unterschiedlicher Epochen und Regionen. Typisch sind horizontale Gliederungen der Vorderfronten durch Balkone oder Türme, Holzloggien mit filigranen Laubsägearbeiten, barocke Putten am Außenbau, Reliefdarstellungen, Dreiecksgiebel, auffällige Erker, Kapitelle mit verschiedenen Schmuckelementen und das Ganze umgeben von parkähnlichen Anlagen. Über hundert Häuser aus der Zeit vor 1914 stehen heute in Heringsdorf unter Denkmalschutz, das ist einmalig an der Ostseeküste.

Auf der linken Straßenseite steht die Villa Anna. In diesem Haus war vom 18. August bis zum 1. September 1889 Johann Strauß mit Familie zu Gast. Glaubt man seinem Großneffen, der Vorträge über den berühmten Großonkel hält, soll der Walzerkönig hier in Heringsdorf die Idee zu seinem »Kaiserwalzer« gehabt haben.

Die Villa Anna befindet sich in der Seestraße 82.

Die Villa und das links daneben stehende Haus gehörten zu dieser Zeit der Försterwitwe Wildenhayn, die in ihren Räumen eine Sammlung wertvoller Porzellan-Gegenstände aus alten Schlössern aufbewahrte.

Das Backsteingebäude rechts daneben wurde schon 1891 erbaut, allerdings als Privathaus von Karl Peyler, der es an die Kaiserliche Reichspost vermietete. 1910 wurde es von dieser käuflich erworben und umgebaut, das Heringsdorfer Postamt erhielt seine heutige Gestalt. Auch die Bezeichnung »Postamt« ist noch heute goldglänzend vorhanden, es wird aber schon seit einigen Jahren nicht mehr als solches genutzt.

Das Restaurantgebäude wurde im Stile der Neorenaissance erbaut und bereits 1911 eröffnet.

Domkes Fisch-Pavillon 7

An der Ecke See-/Friedenstraße fällt ein Restaurant auf, ein lang gestreckter Holzbau in Neorenaissance-Formen mit großflächiger Verglasung und Zwerchdach sowie Laubsägearbeiten im Sockel. Innen wird der Stil durch dekorativ ornamentiertes Gebälk fortgesetzt. Dieses Gebäude hat eine besonders interessante Geschichte, wie Hans-Ulrich Bauer in seinem Buch »Holzhäuser aus Wolgast« berichtet. Demnach heißt es in einem nicht veröffentlichen Teil der Heringsdorfer Chronik über das Kurhaus gegenüber der Seebrücke:

»Die beiden Kurhausbauten verband eine lange Halle mit Aussicht auf die See, welche bei Errichtung des Mittelbaues abgerissen und in der Brunnenstraße wieder aufgebaut wurde und seit 1937 nach entsprechendem Umbau die Kurlichtspiele beherbergt.«

Somit ist dieses das einzige Gebäude, das vom alten Ortskern des Seebades erhalten geblieben ist. 1911 wurde das Haus als Salchows Weinstuben im Stil der damaligen Zeit eröffnet. In einer Anzeige wurde neben der »Original Wiener Küche« mit erlesenen Speisen und Getränken auch auf die englischen und französischen Sprachkenntnisse des Personals hingewiesen. Es war ein typisches Restaurant für die Kaiserbäder in den Zwanzigerjahren. Etwa zehn Jahre später jedoch verschwanden die meisten dieser Gaststätten wieder, da sie nicht beheizbar und somit unrentabel waren. 1935 erfolgte der Umbau des Restaurants in ein Kino und erst 1991 wurde es durch aufwendige Rekonstruktionsmaßnahmen wieder seiner ursprünglichen Funktion zugeführt.

Die Familie Haverkorn, die das Grundstück mit dem Eckhaus und dem Kino 1949 gekauft hatte, erhielt es nach dem Fall der Mauer zurück und wollte im Zuge der Sanierung zunächst den unansehnlichen Anbau abreißen lassen. Zu ihrer Überraschung kam bei der Vorbereitung zur Entkernung sowohl innen als auch außen eine beeindruckende hölzerne Konstruktion mit vielen Details zum Vorschein. Nun wurden sämtliche Holzbalken von unzähligen alten Farbschichten befreit und die verfaulten Teile fachmännisch ersetzt. 1992 konnte die Einweihung des neuen Restaurants unter dem Namen Des Kaisers Pavillon gefeiert werden. Niemand, der das alte, hässliche Kino kannte, hätte sich vorstellen können, welches Schmuckstück der Bäderarchitektur sich hinter seinen Wänden verbarg. Heute betreibt ein einheimischer Gastronom darin das beliebte Restaurant Domkes Fisch-Pavillon.

In der Friedenstraße 8

Die heutige Sparkasse in der Friedenstraße war bis in die 1930er-Jahre ein großes und angesehenes Lebensmittelgeschäft der jüdischen Familie Alweiß. Als es auch im »Judenbad« Heringsdorf für jüdische Geschäftsleute gefährlich wurde, verkauften sie noch gerade rechtzeitig und flohen nach Amerika.

Weniger Glück hatten die Besitzer eines Modekaufhauses, die Familie Saulmann, ebenfalls in der Friedenstraße. Schon um 1900 hatte Julius Saulmann hier, in der damaligen Wilhelmstraße, ein Kaufhaus mit Tuch-, Manufaktur und Modewaren. Ab 1933 war auch diese Familie Einschränkungen und Repressalien ausgesetzt. Sie wurden Schritt für Schritt entrechtet, aus der Öffentlichkeit verdrängt und diskriminiert. So durften jüdische Deutsche die Strandpromenade nicht mehr betreten und das Baden war ihnen nur in einem abgesperrten Teil erlaubt. Wann genau die Familie Saulmann ihr Modegeschäft aufgeben musste, ist nicht bekannt. Das Kaufhaus verwandelte sich in das »deutsche Kaufhaus Trautmann«. Die Familie mit ihren drei Kindern wurde von den Nazis 1940 deportiert und ist im Ghetto Piaski ums Leben gekommen. Vor ihrem einstigen Wohn- und Geschäftshaus erinnern »Stolpersteine« an diesen Teil der Heringsdorfer Geschichte. Darauf stehen die Namen der Heringsdorfer Einwohner, die nicht vergessen sind: Erich Saulmann, Elisabeth Saulmann, Ilse Rose Saulmann, Hilde Ruth Saulmann, Eva Karla Saulmann.

Heute Sparkasse, früher Lebensmittelgeschäft der Familie Alweiß

Goethepark 9

Dort, wo die Friedenstraße einen Bogen nach rechts macht, befindet sich ein Park. 1889 wurde er in einem »Führer für den Kurgast und Touristen« folgendermaßen angepriesen:

»(...) eine in ihrer Mitte einen kleinen Weiher einrahmende Wiesenfläche, die wegen ihrer sonnigen, absolut windstillen Lage den Besuch und Aufenthalt daselbst auch bei weniger günstigem Wetter gestattet und aus diesem Grunde geradezu die Bezeichnung eines Sanatoriums verdient.«

Der Park trug damals den Namen Kurpark Italien und war ein Konzertgarten mit Schwanensee, gepflegten Gehwegen, die abends mit Talglichtern in bunten Glasgefäßen markiert wurden, und lauschigen Verweilecken. Man konnte im Café Waldhaus einkehren, oder in der Alten Försterei, in der *»Kaffee, Kuchen, Milch und andere stärkende Getränke«* angeboten wurden oder sich mit einer Tageszeitung auf einer der vielen Bänke unter den riesigen Edeltannen niederlassen und das Weltgeschehen mit anderen Gästen diskutieren.

Damen- oder Herrengruppen spielten Bridge, Canasta, Whist, Rommé oder Skat. Andere vergnügten sich sportlich bei Boccia, Kricket oder Federball.

Der Name sollte den Besuchern das Gefühl von »dolce vita«, das man mit Italien verband, vermitteln. Heute ist es der Goethepark, ein durchaus passender Name, denn der deutsche Dichter war es, der nach Italien reiste und die Vorstellung des süßen, beschwingten Lebens im Süden nach Deutschland brachte.

Weg im Goethepark, dem ehemaligen Kurpark Italien

Bahnhof Heringsdorf 10

Die Friedenstraße führt am Park entlang und endet an der Bundesstraße. Gegenüber findet sich der Bahnhof des Seebades. Schon seit Mai 1876, als die Eisenbahndrehbrücke südlich von Usedom fertiggestellt war, führte eine Bahnverbindung von Berlin nach Swinemünde auf die Insel Usedom. Im Juni 1894 kam die Strecke Swinemünde-Heringsdorf hinzu. Das erleichterte die Anreise für die Berliner beträchtlich und führte dazu, dass 1895 bereits 10000 Badegäste registriert wurden.

Nun kamen in den anderen Seebäder Forderungen auf, die Strecke bis nach Wolgast weiter zu führen. Doch die Heringsdorfer Aktiengesellschaft war nicht daran interessiert, Land an die Bahn zu verkaufen. Sie fürchtete um die Ruhe und das Aussehen des Ortes und verweigerte den Bau der Bahnstrecke durch das Seebad. Und schließlich sollten die Gäste auch nicht weiterreisen, sondern in Heringsdorf bleiben. So wurde die Gleisführung nach Wolgast insgesamt fast 2,5 Kilometer länger als geplant: Die Züge mussten wieder nach Ahlbeck zurück fahren, um dann den Heringsdorfer Forst zu umgehen und weiter nach Bansin zu gelangen. Das ist der Grund, warum es in Heringsdorf keinen Bahnübergang gibt, aber einen Kopfbahnhof mit verhältnismäßig großen Bahnhofsanlagen. Das Bahnhofsgebäude selbst, ein attraktiver Backsteinbau, ist heute restauriert und bereitet den anreisenden Gästen einen würdigen Empfang.

Blick von der Bismarck-Warte auf den Bahnhof Heringsdorf

Villen in der Delbrückstraße 11

Durch den Goethepark hindurch gelangt man in die »zweite Reihe« von Heringsdorf: die Delbrückstraße. Hier finden sich die Rückseiten der Häuser, die direkt an der Strandpromenade stehen, meist prächtige Villen in parkähnlichen Gärten. Aber auch auf der rechten Seite, also in der »zweiten Reihe« stehen schöne alte Gebäude aus der Gründungszeit des Seebades. Fast alle sind zeit- und kostenaufwendig restauriert, manche konnten nach jahrelanger Vernachlässigung gerade noch gerettet werden.

Direkt gegenüber der Residenz Bleichröder mit der neobarocken Villa in der Delbrückstraße 54 steht ein kleineres Haus in einem völlig anderen Stil. Diese Gebäude ließ der Kommerzienrat Albert Schlutow im letzten Viertel des 19. Jahrhunderts auf einem großen Grundstück errichten. Schlutow, der keinen Sommer in Heringsdorf ausließ, setzte sich sehr für die Interessen der Heringsdorfer ein und war ein enger Freund von Kaiser Wilhelm II.

Dank der Hügellage besitzt das Haus, das in zweiter Reihe zur Strandpromenade steht, auch Blick auf das Meer. Die Villa, aus einzelnen Bauteilen geformt, hat eine durchlaufende Putzbänderung, die die Blöcke zusammenhält. Dadurch strahlt das Gebäude trotz seiner unregelmäßigen Form Ruhe aus. Kunsthistorisch wertvoll sind die Reliefs, die auf den Wandflächen im Obergeschoss zu sehen sind. Sie wurden von dem Berliner Bildhauer Alexander Calandrelli

Diese Villa in der Delbrückstraße ließ Kommerzienrat Albert Schlutow errichten.

geschaffen und stellen die vier Jahreszeiten dar. Calandrelli gehörte zu den bevorzugten Künstlern des deutschen Kaiserhauses und lieferte viele Auftragsarbeiten für den Kaiserhof. Zu seinem Werk gehören aber auch Kunstobjekte, die den Berliner Stadtraum noch heute prägen wie etwa die Skulpturenreliefs an der Siegessäule, an denen er beteiligt war.

Zehn Häuser weiter fällt an der rechten Seite die Pension Hintze auf. Der außerordentlich reich verzierte Backsteinbau mit Risaliten und geschweiftem Giebel, mit aufgesetzten Vasen und Obelisken, Säulen und Ranken wurde um 1900 errichtet. Mit seinen elf Achsen nimmt er schlossähnlichen Charakter an. Das ehemalige Pensionat war in den 1990er-Jahren in so schlechtem Zustand, dass es sogar die Denkmalschutzbehörde aufgegeben hatte und es eigentlich abgerissen werden sollte. Der Erhalt ist dem jetzigen Besitzer zu verdanken, der es detailgetreu restaurieren ließ.

Hinter der Pension Hintze befindet sich eine Schlucht, im Volksmund die Räuberkuhle oder auch die Störtebekerkuhle genannt. Sie soll das Hauptquartier des berühmten Piraten Störtebeker gewesen sein. Auch Theodor Fontane fühlte sich von diesem Ort magisch angezogen und zog sich hierher zum Träumen zurück, wie er in seinem autobiografischen Roman »Meine Kinderjahre« erzählt.

Die Villa Hintze wurde in den 2000er-Jahren aufwendig restauriert.

Die östlichen Villen 12

Hinter dem Aurelia Hotel St. Hubertus endet auch das Seebad Heringsdorf. Die rechte Seite der Grenzstraße gehört bereits zu Ahlbeck. Wir kommen jetzt auf die Strandpromenade und gehen auf der sogenannten Kaisermeile. Hier, wo die beiden Seebäder aufeinandertreffen, erkennt man den Unterschied zwischen dem »Volksbad« Ahlbeck und dem »Nobelbad« Heringsdorf: Die Promenade in Heringsdorf ist schmaler, denn sie war ausschließlich den »Herrschaften« vorbehalten, Zufahrten und Lieferanteneingänge befanden sich an der Rückseite der Häuser. Auch stehen die Villen auf größeren Grundstücken, somit nicht direkt an der Promenade, sondern etwas zurückgesetzt und oft im Schatten hoher Bäume.

Ein Drachenkopf schmückt etliche Holzhäuser, die von der Wolgaster Actiengesellschaft für Holzverarbeitung schon vor 1890 errichtet wurden.

Das Haus Strandperle an der Grenzstraße 3 gehörte um 1900 dem wohlhabenden Pelzhändler Quarch aus Leipzig. Nach mehrmaligem Besitzerwechsel wurde es Eigentum der Familie Reuse, die es nach dem Zweiten Weltkrieg als Kindererholungsheim Haus frohes Völkchen betrieb, aber während der Aktion Rose 1953 enteignet wurde. Im Jahre 1992 bekam die Familie ihren Besitz zurück und investierte viel Zeit und Geld, um das Haus wieder zu einem Schmuckstück werden zu lassen. Am Haus und auch am Pavillon sind auf alten Fotos Drachenköpfe erkennbar. Diese weisen auf den Bau durch die Wolgaster Actiengesellschaft für Holzverarbeitung hin. Die Firma begann vermutlich schon vor 1890 erstmals in Deutschland mit dem Bau von vorgefertigten, transportablen Holzhäusern. In der Blütezeit des Betriebes von 1890 bis 1910 wurden viele ihrer Bauten mit nordischen Motiven versehen. So gibt es aus dieser Zeit kaum ein Gebäude, das nicht mit Drachenköpfen oder Wikingerschiffen geschmückt ist. Die Drachen entwickelten sich zum Markenzeichen der Firma. Es wurde aber auch häufig im Schweizer Stil oder in Mischformen gebaut.

Gemeinsam haben all diese Häuser die große Liebe zum Detail, die individuelle Ausfertigung nach Wünschen der Besitzer, sodass es kaum zwei völlig gleiche Bauten gibt. Da die Firma eigene Waldungen in Übersee besaß, wurden vielfach amerikanische Hölzer verwendet. Diesem Umstand und der ausgezeichneten Qualität der Arbeit ist es zu verdanken, dass diese Villen bis heute überdauert haben. Viele wurden nach 1990 liebevoll restauriert und erstrahlen wie vor über 120 Jahren. Damals hieß es in einem Badeführer über Heringsdorf:

»Im Augen erfreuenden Wechsel reihen sich an der Promenade von Heringsdorf die herrlichsten Villen aneinander. Alle Baustile der Welt sind hier vertreten. Die meisten liegen inmitten des Grüns köstlicher Gartenanlagen. Besonderes Interesse erregen die in den letzten Jahren entstandenen niedlichen schwedischen Holzvillen. Selbst der Großstädter wird durch das fortwährend wechselnde

schöne Bild so gefesselt, daß er fast vergißt, auch mitunter einen Blick nach rechts, wo das Meer rauscht, zu werfen.«

Daneben befindet sich Aurelias Sommerheim. Die vormalige Pension Lingner wird aufgrund ihres Stils – ganz holzverkleidet, mit Laubsägearbeiten als Balkonbrüstungen – oft als Schweizer Villa bezeichnet. Die Erbauungszeit vor 1894 und auch einige Details deuten darauf hin, dass sie ebenfalls von der Wolgaster Actiengesellschaft projektiert wurde. Auch sie diente nach der Enteignung 1953 als Kindererholungsheim, dann als Betriebsferienheim des VEB Verlade- und Transportanlagenbau Leipzig (VTA). Der Vorbau mit der Gaststätte Lukullus wurde erst 2001 errichtet.

Hubertus, 1902 erbaut, war bis in die 1930er-Jahre Eigentum des Berliner Metropoltheater-Direktors Fritz Paul Jentz. Er befand sich hier in Heringsdorf in guter Nachbarschaft mit vielen anderen Theaterleuten und Künstlern. Bemerkenswert ist auch die zur Villa gehörende Remise auf dem hinteren Teil des Grundstückes, die ebenfalls unter Denkmalschutz steht und die typischen Delbrück'schen backsteinsichtigen Dekorationselemente aufgreift. Wir sehen in Heringsdorf häufig diese kleinen, zu den Villen gehörenden Nebengebäude, z. B. neben der Villa Staudt oder der Villa Oechsler. Sie dienten als Pferdeställe und Kutscherwohnungen. In den Gründungsjahren des Seebades kamen die Sommergäste nicht nur für drei oder vier Wochen – die Familien der Hausbesitzer verbrachten meist den ganzen Sommer hier. Sie reisten oft mit Pferd und Wagen, darauf brachten sie einen Teil ihres Hausstands mit. Später wurden die Pferdeställe meist zu Garagen umgebaut. Nach 1945 zogen nacheinander die Rote Armee, dann die Grenzpolizei, gefolgt von einem Reisebüro ins Hubertus ein. In den 1990er-Jahren bis 2003 gehörte das Haus zur Travel-Charme-Gruppe.

Die Skulptur »Knabe in Gefahr« im Vorgarten der Villa Hubertus

Die Skulptur des »Muckenbüble« (oder »Knabe in Gefahr«) im Vorgarten des Hauses wurde von dem schwäbischen Bildhauer Wilhelm Rösch geschaffen. Sie zeigt einen dem Bade entstiegenen Knaben, der nach einer gut sichtbaren »Mucke« auf seinem Oberschenkel schlägt. Rösch wurde für dieses Werk auf der Internationalen Kunstausstellung 1893 in München mit einer Goldmedaille ausgezeichnet.

Das Haus Oasis war das erste Vier-Sterne-Hotel auf Usedom. Dieser Prachtbau auf dem parkähnlichen Grundstück beeindruckt auch im Inneren. Er besitzt einen überdachten Lichthof, in dem sich die repräsentative Empfangshalle des Hauses befand. Bis heute hat die Halle nichts von ihrer Schönheit eingebüßt, die originalen Wand- und Deckenvertäfelungen und besonders die beeindruckende Mahagoniholz-

Das Hotel Oasis beeindruckt durch Innenausstattung und seinen Lichthof.

treppe mit Galerie sind noch immer erhalten. Es wurde 1896 als Sommerresidenz des Berliner Groß-Industriellen Friedrich Löwner und seiner Frau Caroline, einer Opernsängerin, erbaut. Während des Zweiten Weltkrieges war in der Villa das Müttererholungsheim Haus am Meer untergebracht. Danach diente es Sanatoriumszwecken, später den Gästen des Zentralvorstandes der Gesellschaft für Deutsch-Sowjetische Freundschaft (DSF).

Der Deutsche Jugendherbergs-Ring verfügt in Heringsdorf über vier Gebäude: eine umgebaute Remise zur Puschkinstraße, ein modernes Bettenhaus und zwei Häuser an der Promenade. Besonders beeindruckend ist die rechte Villa, mit ihrem teilweise aus behauenen Feldsteinen bestehenden Untergeschoss und dem filigranen Holzhaus darüber. An der Ostseite ist eine original erhaltene Fensterfront zu bewundern. Diese und die ehemals der jüdischen Familie Pinkuss gehörende Villa sind seit 1953 Bestandteil einer der vermutlich schönsten Jugendherbergen Deutschlands.

Die Villa Busse versteckt sich hinter hohen Hecken und wird leider von vielen Spaziergängern übersehen. Auch sie wurde schon vor 1893 von der Wolgaster Actiengesellschaft für Holzverarbeitung errichtet. In der ehemaligen DDR wurde sie als Mietshaus genutzt. Wahrscheinlich erbaute es einer der beiden Söhne des bekannten Architekten Carl Ferdinand Busse. Beide waren ebenfalls Architekten und einer von ihnen arbeitete für die Wolgaster Firma. Vom aufstrebenden Seebad begeistert, projektierte er sein Haus an der Heringsdorfer Promenade selbst. Das typische an dieser Villa ist die aufwendige Außengestaltung mit den hellgelben Schindeln sowie die für alle Wolgast-Häuser charakteristische, ebenfalls elegante Dachgestaltung. Aus der Preisliste der Wolgaster Actiengesellschaft geht hervor, dass das Haus fertig verpackt, *»frei Waggon oder Schiff«*, 17 800 Mark kostete. Da Heringsdorf zu der Zeit noch keinen Bahnanschluss besaß, mussten die einzeln verpackten Bauteile mit einem Fuhrwerk von Swinemünde herangeschafft werden. Für die Maurerarbeiten wurden 1 800 Mark berechnet und die Aufstellung kostete 1 900 Mark. Das Gewicht der gelieferten Villa wurde mit 70 Tonnen angegeben.

Wieder grenzt ein großzügig bemessenes, gepflegtes Grundstück an die Promenade. Das Anwesen mit dem gemütlich verwinkelten Holzhaus und dem hölzernen Pavillon spiegelt nicht zufällig das Flair der Kaiserzeit wider: Besitzer der Villa Florence war im letzten Jahrzehnt des 19. Jahrhunderts Hofrat Dr. Silvester aus Berlin, der Zahnarzt von Wilhelm II.

Auch hier handelt es sich um ein Wolgast-Haus, an der Rückseite des Gebäudes erkennt man am Dachfirst die gekreuzten Drachenköpfe. Wie aus der Preisliste hervorgeht, kostete dieses Haus 17900 Mark, Maurer- und Aufstellungskosten waren die gleichen wie bei der benachbarten Villa und das Gewicht wurde mit 50 Tonnen angegeben. Der Pavillon wurde extra berechnet: Er kostete 2000 Mark, die Aufstellung 250 Mark und die Maurerarbeiten 100 Mark. Er besitzt eine beeindruckende Innenausstattung aus geschnitzten und bemalten Holzteilen.

Auch die letzte Villa in dieser Reihe weist die Berechtigung der Bezeichnung Kaisermeile für diese Promenade nach. Sie trug schon in der Kaiserzeit den Namen Auguste Victoria, benannt nach der Gattin Wilhelms II. Der Architekt dieses Gebäudes war der Berliner Johannes Lange, er entwarf auch die zuvor erwähnte Villa Florence und die kleine Villa Waldfrieden dahinter, im Eichenweg. Auch die Villa Auguste Victoria besticht durch ihre aufwendige Dachgestaltung, Balkone und Veranden an der Promenadenseite. Nach 1945 erholten sich hier sowjetische Offiziere, dann Volkspolizisten, danach wurde das Haus zusammen mit der Villa Florence Betriebsferienheim der Flugzeugwerke Dresden. Zu dieser Zeit trug es den Namen Dr. Kurt Fischer, dem 1950 verstorbenen Chef der Volkpolizei. Nach langem Leerstand wurde die mit hölzernen Veranden, Balkonen und Türmen verzierte Villa 2002 durch eine Privatinitiative restauriert.

Die Villa Auguste Victoria wurde nach der Ehefrau Kaiser Wilhelms II. benannt.

Die Strandpromenade 13

Die Promenade wurde am Ende des 19. Jahrhunderts so angelegt, wie wir sie heute noch sehen: die Bäume mit breiten Kronen spendeten Schatten, denn besonders die Damen wollten ihre vornehme Blässe erhalten, und es gab zwei Spazierwege. Man promenierte von der Seebrücke bis hierher und auf dem Parallelweg zurück. Dann hatte jeder jeden gesehen und der Sinn des Aufenthaltes in Heringsdorf war erfüllt: das Sehen und Gesehen werden.

Um 1900 schildert die schweizerische Bankiersfrau Olga Frey einen Spaziergang auf der Heringsdorfer Strandpromenade:

»Vom Parterre des Kurhauses führte eine Treppe direkt an den Strand hinunter. Hier ist das Centrum des Heringsdorfer Kurlebens, das sich meist an dem Platz bei der Brücke und dem Strandcasino abspielt. Prachtvolle Buchen beschatten den Platz vor dem Kurhaus, wo auch heute reges Leben herrscht. Weil's Sonntag ist, sind aus der Umgebung, namentlich von Stettin, eine Menge Leute herübergekommen, um einen Tag hier in der herrlichen Natur zu verleben. Wir machen einen kleinen Spaziergang, um uns etwas zu orientieren. Auf festem, breitem Kiesweg, der sich über die Dünen erhebt, gehen wir hinaus, immer dem Meer entlang. Es ist dies die herrliche Strandpromenade, die südlich nach dem Seebad Ahlbeck und nördlich bis an den Fuß des Langen Berges führt. Sie ist eine noch junge Schöpfung der Heringsdorfer Actienbadgesellschaft und bietet für den Ort einen großen Vorteil. Das Gehen auf den Dünen, das heißt Waten im Sand, ist mühsam, währenddem man auf der Promenade, auch bei schlechtem Wetter, immer leicht und trocken geht. Dieser schöne Strandweg ist mit Bäumen bepflanzt; zahlreiche Bänke laden überall zum Ausruhen ein. Neben dem Fußgängerweg ist der Weg für die Radler angelegt, der fleißig benutzt wird. Es wird hier dem neuesten Sport lebhaft gehuldigt, und überall sind den unzähligen Radlern extra Wege eingeräumt, was auch für die Fußgänger von Vorteil ist.

Der Radlerweg befindet sich auf der äußeren Seite der Strandpromenade, also gegen das Meer zu, während sich auf der Landseite die Landstraße befindet. Sie begleitet aber nur ein Stück weit den Strandweg, tritt weiter außen mehr ins Land hinein und läßt die wunderschönen Villen bis an die See, d. h. bis an die Promenade hinunterreichen. Und solcher Villen gibt es die ganz große Menge, eine ist reizender und schöner als die andere, und es wäre schwer, einer den Preis zu geben. In allen möglichen Stylen sind sie erbaut; es gibt welche im ländlichen Cottage Styl, auch reizende Schweizer Chalets und dann wieder pompöse Paläste, je nach den Bedürfnissen und dem Stand der glücklichen Besitzer. Gleich neben dem Kurhaus ist eine schöne Villa, die nur aus einem Stockwerk besteht. Massive dunkle Marmorsäulen mit korinthischem Kapitäl tragen das mit reichen Fresken bemalte Giebelfeld. Weit offen stehen die großen Glastüren des Hauptgemaches und geben die entzückende Aussicht auf die Meeresbucht frei.

Was alle gemeinsam haben, das sind die herrlichen Gärten mit den schönen Bäumen. Der Wald reicht eben in Heringsdorf überall bis ans Meer hinunter, und mit kluger Pietät wurden überall die Bäume geschont. Die Gartenanlagen gleichen eher einem Naturpark, der aber ausgezeichnet gepflegt ist. Den ganzen Tag rauscht das Wasser aus den gelegten Schläuchen mit Brausen und bewässert die saftig grünen Rasenflächen. Auch der Bodengestaltung hat sich der Gärtner klugerweise angepasst, denn wellenförmig steigen die Rasenflächen an, um wieder in eine kleine Böschung zu fallen, was den Park überaus reizvoll gestaltet.

Eine Hauptzierde von Heringsdorf sind wirklich seine Bäume, und einen schöneren Droschkenhalteplatz als hier gibt's wohl in der ganzen Welt nicht. Riesige, alte Buchen mit ihren kerzengeraden Stämmen wölben ihr grünes Laubdach über den Platz zwischen Bahnhof und Kurhaus.«

Diese Zeit, in der unbeschwerte Urlaubsfreude und preußische Prüderie in Heringsdorf aufeinanderstießen, inspirierte besonders viele, hauptsächlich Berliner Schriftsteller, das Badeleben hier zu dokumentieren. Auch das Gesellschaftsleben der »Goldenen Zwanzigerjahre« bot den Autoren dieser Zeit reichlich Stoff für humorvolle Betrachtungen. So schrieb der Berliner Schriftsteller Alfred Kerr in seinem Buch »Wo liegt Berlin?« über Heringsdorf:

»8. August 1897

Im übrigen fühlt man sich jetzt in Berlin am wohlsten, wenn man auf dem Stettiner Bahnhof ist, um es zu verlassen. Auch was hier dauernd festgehalten wird, kann es sich nicht versagen, eine gelegentliche Landpartie an die Ostsee zu machen, die sehr bequem erreicht wird. Doch, wehe – in Heringsdorf trifft er dieselben Gestalten, die er hier fliehen wollte. Der Auswurf des Potsdamer Viertels ist dort versammelt. Das macht Toiletten und schwatzt und schreit und benimmt sich auffallend und verunreinigt mit Protzentum die anständige Seeluft. Den gesundesten Ekel, der unter leidlich normalen Verhältnissen möglich ist, kann man sich dort holen. Und man verläßt den grotesken Ort mit Beschleunigung. Und dann erholt man sich in Berlin von den Strapazen der Sommerfrische.«

Ludwig Pietsch, beliebter Reise- und Gesellschaftsberichterstatter, Journalist und Illustrator bei der Vossischen Zeitung, schrieb in einem Feuilleton 1910 über Heringsdorf:

»Die besten Genüsse gewähren mir die sonnenlichtdurchflimmerte schöne Einsamkeit der weiten, stillen Buchenwälder, das sich wiegen auf den sanften Wogen des blauen Meeres im Dampfer, im Motor- oder Segelboot und in der Veranda des waldumrauschten Pfarrhauses hinter der grünen lebendigen Wand der hohen dichten Gartengesträuche.«

Im Jahr darauf erschien im Berliner Tageblatt ein Feuilleton von Victor Auburtin, in dem dieser die Ähnlichkeit zwischen Heringsdorf und Berlin verspottete:

»Dieses Ostseebad Heringsdorf wird Berlin immer ähnlicher. Es hat nicht nur seine Theater mit Premieren drin, es hat auch schon ein richtiges Nachtleben, wie man es sich nicht schöner denken und wünschen kann. American Bars, Kabaretts, die echten Wiener Originalschrammeln (Praterspatzen genannt), eine Indianerkapelle, Tiroler Sänger, Nachtcafés, alles ist da, so daß ein naturfreundliches Gemüt nicht in Verlegenheit zu kommen braucht.

Kurz, es ist etwas los in Heringsdorf. Es ist Betrieb vorhanden. Oder, um das Ding beim rechten Namen zu nennen: Es ist totschick in Heringsdorf.

Nur eine Wasserrutschbahn, wie wir sie im Berliner Lunapark haben, ist merkwürdigerweise vorläufig immer noch zu vermissen. Doch können wir in die Entwicklung Heringsdorfs das unbedingte Vertrauen setzen, daß auch das bald erreicht werden wird. Wer schon bei Danny Gürtler angelangt ist, der ist nicht mehr weit von der Rutschbahn. Es ist nur noch ein Schritt, und dieser Schritt muß und wird gemacht werden.

Ich will gegen ihr Bad nichts Böses sagen, bin vielmehr gesonnen, es unter dem nächsten Sterne als die Königin der Ostseebäder zu preisen und sein Lob in jeder Weise zu singen. Aber gesagt darf doch wohl werden, daß ich die Bedingungen dieses seltsamen Erholungsbetriebes nicht verstehe, und nicht begreifen kann, wie dieser muntere Lärm hier Großstädtern, die vom Lärm erschöpft sind, förderlich sein kann (...). Hingegen hier diese Heringsdorfer haben sich den Blödsinn mit ins Bad genommen. Ich war jetzt eben in dem Café des Kurhauses. Wir saßen sechs Mann um einen Marmortisch herum, drängten uns, schrien nach den Kellnern, die wütend und erregt mit vollen Brettern daherstürmten, und befehdeten uns um die Zeitungen. Wie bei Josty oder im Café Bauer um vier Uhr nachmittags. Und unmöglich ist, des Abends einen Kalbsnierenbraten ohne musikalische Begleitung zu genießen.

In allen Restaurants und allen Cafés klimpert's und geigt's und trompetet's, italienisch und zigeunerisch und tirolerisch. (...) Und gedrängt sitzen wir durcheinander und lärmen und lachen, so daß es fast so aussieht, als ob nach Heringsdorf nur die gesündesten Menschen gehen. Menschen, die das ganze Jahr nichts getan haben und sich nun einmal austoben möchten, so von Grund auf. Gewiß, das gesellschaftliche Bad ist blendend. Auf der Weinterrasse des Kurhauses, wo man im Handumdrehen ein paar Geldscheine los wird, befindet man sich in den allerbesten Kreisen, und auf der Promenade wird die wunderlieblichste Frauenmode dieser Tage in den heitersten und kapriziösten Formen spazieren geführt. Und anbetungswürdige Schönheiten sieht man überall.

Eine merkwürdige Entdeckung, die bei vielen Heringsdorfern Aufsehen erregen wird, möchte ich noch mitteilen: die Entdeckung, daß Heringsdorf am Meere liegt.

Ich weiß wohl, daß dieser Behauptung viele gerade der ältesten Badegäste auf das lebhafteste widersprechen und erklären werden, daß sie in den langen Jahren ihres Kuraufenthaltes noch niemals irgendetwas vom Meere gesehen haben.

Aber ich bleibe bei meiner Behauptung, ich habe das Meer ganz deutlich gesehen und möchte es den Kurgästen zur gefälligen Benutzung und Verwertung empfehlen.

In keinem Badeort der Welt wird dieses große Ding da draußen, die See, mit solcher Geringschätzigkeit behandelt wie hier in diesem Heringsdorf.

Man badet wohl, aber nicht in der See, sondern vielmehr im Familienbad, wo man das Monokel und die falschen Haare anbehält und sich Witze erzählt.

Am Strand sitzen nur wenige, die Zahl der Buden und Strandkörbe ist im Verhältnis der enormen Besuchsziffer nur gering, und die harmlosen Scherze, die es sonst wohl überall gibt in den Bädern, das Burgenbauen und Muscheln suchen und so etwas, das ist hier im Vergleich zu anderen Ländern doch sehr unbekannt.

Nachdem all dieses endlich einmal herausgesagt ist, sei das Kompliment gesprochen, daß Heringsdorf keine Ortschaft ist, sondern ein Stück Buchenwald. Es ist der lieblichste und im Sommer kühlste menschliche Siedlungsort, den ich gesehen habe; für alle Städtebauer ein Muster, wie es gemacht werden soll.

So blieb dieser mondänste aller Vergnügungsorte eine holde Wildnis, und jede seiner Straßen ist wie ein dunkler Waldweg. Unter einem Laubdach, der in die Einsamkeit führt. Und überall streben die Buchen zwischen den Häusern auf und ertragen den Betrieb mit Geduld.

Es ist dies der große alte Slawenwald. Knorrige, gewundene, moosbedeckte Buchen stehen da, unerschütterlich in allen Restaurationsgärten Heringsdorfs.

Einst sahen sie, wie die Heidenpriester des Gottes Swantewitt den Menschenopfern die Hälse durchschnitten. Jetzt sehen sie ebenso gelassen zu, wie die Oberkellner den Gästen die Hotelrechnungen präsentieren.

Das Meer mit der Aussicht auf die fernen dämmernden Küsten ist in Heringsdorf herrlicher als irgendwo. Aber man muß sagen, daß dieses Meer, das so unmoderne Lieder singt, zu der fabelhaften Eleganz dieser Berliner Herrschaften nicht recht passen will. Man läßt es liegen und kümmert sich nicht viel darum. Ich glaube, es ist nicht totschick genug.«

Das Hotel Ostseestrand gehört zur friesischen Hotelkette Upstalsboom. Das architektonische Ensemble besteht aus denkmalgeschützter Bausubstanz, kombiniert mit modern sanierter Bäderarchitektur und einem Neubau für den Hotelbetrieb eines modernen Vier-Sterne-Superior-Hotels. Der Neubau steht an der Stelle der ehemaligen Villa Vogelsang, die ursprünglich aus zwei durch einen Windfang miteinander verbundenen Holzhäusern bestand und einst das sogenannte Photographische Atelier von Emilie Vogelsang beherbergte. Später wurde es eine Pension, überdauerte auch noch die DDR-Zeit, musste dann aber dem Hotel Ostseestrand Platz machen.

Die beiden folgenden Villen, die die Hotelkette dazugekauft hat, hießen Silbermöwe und Ostseestrand. Besonders sehenswert sind die detailgetreu sanierten Stuckarbeiten an den Fassaden mit den maritimen Ornamenten der Sage »Vom Fischer un sin Fru«.

Die Villa beherbergte einst das Photographische Atelier von Emilie Vogelsang. Postkarte

Die Villa Odin, ein siebenachsiger Putzbau mit einem Mansardendach, wurde ums Jahr 1900 von dem Ahlbecker Zimmerermeister Grünberg erbaut.

Dahinter befindet sich die Villa Caprivi. Der Architekt Schapiro ließ sie im Kolonialstil errichten. Sie trug bis 1936 den Namen Gaby Nora, nach der Tochter des Erbauers. Der nächste Besitzer, der Sparkassendirektor Gustav Kühl, benannte sie nach seiner Frau Ilse. Die Villa blieb auch in DDR-Zeiten im Privatbesitz und wurde ab 1994 im Auftrag der Eigentümergesellschaft bis ins Detail saniert.

Das heutige Strandhotel erinnert architektonisch kaum noch an das Strand-Hotel der Vorkriegszeit. Heinrich Mann verbrachte hier mit seiner Frau einige Zeit im Sommer 1923. Er litt unter Depressionen und korrespondierte im Oktober mit seinem Freund, dem österreichischen Schriftsteller Arthur Schnitzler: *»Wir haben den besten Teil (des Jahres) in Heringsdorf verbracht, es war trostreich, ich glaube, wieder erholt zu sein.«* Er hat sich auch 1929 und 1930 in Heringsdorf aufgehalten. Heinrich Mann schrieb das Essay »Berliner Vorort Heringsdorf«, in dem er die Heringsdorfer Verhältnisse in den 1920er-Jahren ausführlich schildert. Ihm fielen die *»erstaunlich vielen Säulen«* und die flachen Giebel der Häuser auf und konstatiert: *»Der klassizistische Stil überwiegt von jeher. (...) Es sind Berliner Bauten (...) und aus der Tiergartenstraße scheinen auch sie hierher versetzt.«* Heinrich Mann vermisst in Heringsdorf jedoch *»fehlende Leichtigkeit und Anmut«*, die er an Gebäuden aus Schinkels Zeit schätzte. Und er erwähnt die weitläufigen Parkanlagen, die viele der Anwesen umgeben und in denen *»der Natur des Meeresstrandes angepasst, (...) die Wohnungen der alten Reichen flach und maßvoll, wenn auch aus echtem Material (stehen)«*.

Auch die Promenade beschrieb der Schriftsteller in seinem »Vorort«-Essay: *»Die Promenade hat große, weitschattende Bäume. Dies ist in Sommerwochen eine milde Küste, und wenn*

Vor dem Heringsdorfer Strandhotel, um 1900

der warme Regen fällt, läßt es sich noch verweilen unter dem langen Laubdach.« Das Strandleben lief in Heringsdorf eher ruhiger ab, so fallen ihm im Vergleich zu Swinemünde und Ahlbeck eher die Familien mit geringerer Kinderzahl auf. Der Schriftsteller fand Gefallen daran, an lauen Abenden auf der nicht überlaufenen Flaniermeile zu spazieren. Hin und wieder beobachtete er dabei Raketen, die vom Strand gestartet wurden: *»Aus der dunklen Luft fallen Leuchtkugeln und zerplatzen, bevor sie anlangen.«* Schließlich kommt Mann zu dem Fazit: *»Heringsdorf bewahrt Haltung und Tradition.«*

Zur Hotelanlage Steigenberger gehören ein etwas umstrittener Neubau, aber auch zwei alte Villen an der Promenade. Die alteingesessene Heringsdorfer Familie Siebert nutzte ihr im Wein- und Pelzhandel erworbenes Vermögen, um die wirtschaftlichen Möglichkeiten, die sich mit der Entwicklung des Ortes zum exklusiven Seebad boten, auszuschöpfen. Sie kaufte von der Heringsdorfer Aktiengesellschaft ein großes, direkt an der Promenade gelegenes Grundstück und baute dort ab 1887 die beiden Pensionen Villa Augusta und Villa Theresa sowie ein Wirtschaftsgebäude. Kaufmann Siebert scheute keine Kosten und ließ die Villen für eine wohlhabende Klientel in Massivbauweise errichten, eine Besonderheit, da Gästehäuser in Heringsdorf bis dahin in der kostengünstigeren Fachwerkkonstruktion ausgeführt wurden. Die Pensionen blieben bis zum Ende des Zweiten Weltkrieges in Familienbesitz. Während des Krieges waren in der Villa Augusta Offiziere und Wissenschaftler der Heeresversuchsanstalt in Peenemünde einquartiert, nach Kriegsende diente sie als Erholungsstätte für den Generalstab der Roten Armee. Nach 1990 wurde das Haus an den Künstler Bernhard Schultze gegeben, dem einzigen Erben der Familie Siebert, der zwischen 1922 und 1939 viele Sommer in der großelterlichen Villa verbracht hatte. Er gehörte zu den großen deutschen Malern der Abstraktion, seine Werke sind in aller Welt zu finden. Nachdem Bernhard Schultze die Villa 1999 verkaufte, wurde sie in ein Hotel umgestaltet.

Weit zurückgesetzt von der Strandpromenade steht die kleine Villa Seeblick, die nach palladianischem Vorbild errichtet wurde. Als sie 1878 erbaut wurde, war die heute verglaste Halle des Säulenportikus offen. Auch die große Terrasse wurde erst später angefügt. Sie gehörte der Berliner Familie Lampson und wurde nach dem Krieg von der Deutschen Reichsbahn genutzt. Bei einer umfassenden Sanierung 2005 wurde großer Wert auf das energetische Konzept gelegt. So konnte bei dem denkmalgeschützten Bau der Energieverbrauch erheblich reduziert werden, wofür das Gebäude 2006 mit dem Bauphysikpreis der Denkmalpflege ausgezeichnet wurde.

Replik der 1897 entstandenen Skulptur »Bogenspannerin« im Garten der Villa Bleichröder

Ebenfalls dezent zurückgesetzt in einer etwa 10 000 Quadratmeter großen, gepflegten Gartenanlage steht die neobarocke Villa Bleichröder, Anfang der 1990er-Jahre auch unter dem Namen Villa Diana bekannt, da sich vor dem Haus an der Promenadenseite ein Bronzeabguss der römischen Göttin der Jagd mit Pfeil und Bogen befindet, die 1897 im Original vom Berliner Bildhauer Ferdinand Lepcke unter dem Titel »Bogenspannerin« entstanden ist.

Die Villa wurde 1907/08 vom Stettiner Regierungsbaumeister Eugen Wechselmann für Hans von Bleichröder entworfen. Die Gestaltung des Hauses, das dem barocken Schlossbau nachempfunden ist, und auch der Nebengebäude, das Pförtnerhaus und das sogenannte Automobilhaus, sowie die Parkgestaltung zeigen, dass hier, typisch für Heringsdorf, die Repräsentation im Vordergrund stand. Hans von Bleichröder gehörte durch das umfangreiche Erbe seines Vaters Gerson Bleichröder zu den finanzkräftigsten Männern in Berlin. Gerson Bleichröder arbeitete als Hofbankier der Hohenzollern und verwaltete Bismarcks Privatvermögen. Die jüdische Familie Bleichröder wurde 1938 enteignet, die Villa diente bis 1945 den Nationalsozialisten als Erholungsheim für die Luftwaffe. Nach Kriegsende gehörte sie zu den Sanatorien der Roten Armee, wurde dann Eigentum des FDGB und war bis 1989 hauptsächlich dem Vorsitzenden der Gewerkschaft als Sommerresidenz vorbehalten. Die beiden Bettenhäuser, die nach 1990 an der Südseite der Villa, der Delbrückstraße, gebaut wurden, sind sicher der Wirtschaftlichkeit, nicht aber dem architektonischen Ensemble zuträglich.

Eine der eindrucksvollsten Villen in Heringsdorf ist die Villa Oppenheim. Mit imposantem, über zwei Geschosse verlaufenden Säulenportikus und dem flachen Dreiecksgiebel erstrahlt sie heute in altem Glanz und spiegelt das mondäne Leben der damaligen Zeit wider. Erbaut wurde das Haus noch vor 1877, etwa zeitgleich mit der benachbarten Delbrück-Villa, die leider nicht mehr erhalten ist, aber ähnlich aussah.

Die Villa Oppenheim gehört zu den imposantesten Gebäuden des Ostseebades Heringsdorf.

Vermutlich entwarf der Architekt Hermann von Hude beide Gebäude. Auch die jüdische Familie Oppenheim wurde von den Nationalsozialisten enteignet, von 1935 bis 1945 diente die Villa als NS-Ortszentrale und danach den Offizieren der Roten Armee zur Erholung. Seit den 1950er-Jahren bis zur Wiedervereinigung war es ein Erholungsheim des Staatssicherheitsdienstes der DDR, in dem auch Erich Mielke mehrere Sommer verbrachte. Das Haus wurde an die in den USA lebenden Erben der Familie Oppenheim zurückgegeben, die es verkauften.

Die Villa wurde schon von Lyonel Feininger bewundert, einem der bedeutendsten Künstler der Klassischen Moderne. Auf seiner Reise 1908 durch Hinterpommern und auf die Insel Usedom begeisterte ihn besonders Heringsdorf und hier wieder besonders diese palladianische Villa, die mit ihren hohen Säulen und der vorgelagerten Freitreppe an den Antebellum-Stil der US-amerikanischen Südstaaten erinnert. Er hielt den Anblick sofort auf seinem Skizzenblock fest und fand in den Folgejahren immer wieder neue überraschende Perspektiven. Fünf Sommer hintereinander radelte Feininger über die Insel Usedom und fertigte über eintausend Skizzen an, aus denen später bekannte Werke wurden. Auf der Grundlage seiner Bilder wurde einhundert Jahre nach seinem ersten Aufenthalt auf der Insel ein 56 Kilometer langer Radweg angelegt, der 43 Orte, an denen der Künstler abstieg, um zu malen, miteinander verknüpft. Das Buch »Papileo auf Usedom« dokumentiert diesen Weg, ebenso insgesamt einhundert Hinweisschilder und 43 Bronzetafeln. Eine davon befindet sich direkt auf der Heringsdorfer Seebrücke, eine andere auf der Promenade vor der Villa Oppenheim.

Das Badewesen 14

Der »Damenbadweg« zwischen der beeindruckenden Villa Oppenheim und dem Strandidyll erinnert an die Geschichte des Badewesens auf der Insel Usedom. Noch zu Beginn des 20. Jahrhunderts war das Baden in der Ostsee eine sehr umständliche Angelegenheit. Es gab viele, aus heutiger Sicht kuriose Vorschriften für die Badebekleidung und den Aufenthalt im Wasser. Das Baden erfolgte zunächst von Badekarren aus, die in das Wasser gezogen wurden. Dann wurden an verschiedenen Seiten des Strandes Damen- und Herrenbäder erbaut, später das Familienbad. In einer im Jahre 1910 erlassenen Polizeiverordnung hieß es:

»Das Baden in der Ostsee außerhalb der Badeanstalten in der Zeit von 15. Mai bis 30. September ist untersagt. Sonnenbäder am Strande und in den Dünen sind nur in hierzu umfriedeten Räumen zulässig. Zuwiderhandlungen werden mit Geldstrafen bis zu MK 30,-, im Unvermögensfall mit entsprechender Haft bestraft.«

Karikatur der Bademoden um die Jahrhundertwende

Zum Damenbad hieß es:

»Herren dürfen, solange die Flaggen hoch gezogen sind, das Damenbad und den angrenzenden Strand nicht betreten.«

Für die Einhaltung der Vorschriften sorgten die Bademeister, meist Einheimische. Noch um die Jahrhundertwende war das Schwimmen wenig verbreitet. Es gab kaum Menschen, die dazu fähig waren. Und zu denen gehörten weder die Fischer, noch die Bademeister. So wäre auch der Historiker Theodor Mommsen bei seinem Aufenthalt in Heringsdorf 1892 beinahe ertrunken. In »Anekdoten aus Pommern« ist diese Begebenheit beschrieben:

»Bademeister Priewe, wütend über den Lümmel, machte das Rettungsboot klar zum Auslaufen. Aber ehe er dazu kam, konnte man sehen, daß ein tüchtiger Schwimmer Kurs auf den Ertrinkenden nahm und ihn mühsam, aber erfolgreich und lebendig an Land schleppte. Unverkennbar war das kein junger Bengel, sondern ein alter Mann mit weißen Haaren, bei dem man wirklich keinen Leichtsinn vermuten konnte. Während der Alte noch nach Luft schnappte, nahm er den ärgerlichen Bademeister beiseite und raunte ihm zu: ›Schaffen Sie mir die Gaffer vom Leibe. Und verraten Sie niemandem, wer ich bin.‹ Das wußte Priewe zunächst auch nicht, aber das Versprechen gab er doch. So erfuhr er, daß der immerhin 75 Jahre alte Mann niemand anders war, als der Verfasser der ›Geschichte des Römischen Rechts‹.«

1902 wurde der Gerettete der erste deutsche Nobelpreisträger für Literatur. Erst nach Mommsens Tod verriet Priewe den Namen des Mannes. Er hatte bis hierher jedes Jahr Weihnachten ein ansehnliches Geschenkpaket erhalten.

Die Villen an der Seebrücke 15

Rechts vom »Damenbadweg« stand ursprünglich die Villa des Königlichen Regierungsbaumeisters Hermann von der Hude. Diese erwarb etwas später Adelbert Delbrück, der bereits auf dem daneben liegenden Grundstück ein Haus besaß. Bis 1921 blieben die Häuser Delbrück'scher Besitz, wurden dann, nach Nutzung unter anderem als Offizierserholungsheim, um 1970 abgetragen. 1976 errichtete das Ministerium für Staatssicherheit an dieser Stelle ein Sonderheim, in dem sich unter anderen Erich Mielke aufhielt. 1990 kaufte die gerade gegründete Hotelgruppe Travel Charme die Anlage und eröffnete 2001 das Strandidyll, ein Neubau mit historisierenden Elementen.

Zwei nicht gerade attraktive Appartementhäuser stehen seit 1997 auf ehemals Delbrück'schem Besitz. Dort ließ sich 1871 Hugo Delbrück ein Sommerhaus errichten, in dem die Familie noch 1944/45 nach Bombenangriffen auf Berlin wohnte. Ein Gast in seinem Sommerhaus war Anton von Werner, der Direktor der Königlichen Malerakademie zu Berlin und bekannt geworden durch seine Historienbilder, die er mit einem fast fotografischen Realismus malte. Sein Hauptwerk, in Millionenauflage reproduziert, ist die »Kaiserproklamation von Versailles« (1877). Er schreibt:

»Als Ferienaufenthalt hatte ich wieder das mir sowohl seiner landschaftlichen Reize wie besonders seiner angenehmen Geselligkeit wegen so lieb gewordene Ostseebad Heringsdorf gewählt, wo ich in der unmittelbar an der Strandpromenade gelegenen Villa Delbrück eine freundliche Wohnung mietete. Von den Vorderzimmern und dem großen Balkon ein weiter Ausblick auf die See mit der bequem gelegenen Badeanstalt, hinter dem Haus schattiger Buchenwald, Kurhaus, Lindemanns Ho-

Kaiser Wilhelm II. besuchte Heringsdorf regelmäßig zwischen 1895 und 1914.

tel und vor allem die Kegelbahn – ein entzückender Aufenthalt für mich, den ich übrigens durchaus nicht zum Nichtstun mißbrauchte. Im Gegenteil, ich hatte mir diesmal außer gelegentlichen Naturstudien, die man ja immer macht, wenn man draußen ist, eine amüsante, aber recht ernsthafte Arbeit vorgenommen: eine Darstellung der Heringsdorfer Kegelbahn.«

Von Werners Bild aus dem Jahre 1883 ist als Reproduktion in der »Chronik von Heringsdorf«, geschrieben von Erich Hartwig und erschienen 1932, enthalten. Es ist tatsächlich ein Zeugnis der Heringsdorfer Geschichte, denn es zeigt die typischen und wahrscheinlich bekanntesten Gäste des noch jungen Seebades. Die Kegelbahn, die zu Lindemanns Hotel gehörte, befand sich damals an der Stelle der heutigen Kurklinik. Auf dem Bild sieht man 19 Männer, die sich stolz präsentieren. Die Namen aller Abgebildeten sind bekannt. Im Vordergrund sitzt, ein gefülltes Weinglas in der Hand, im Gespräch mit seinem Malerkollegen Ludwig Knaus, der Maler selbst. Des weiteren sind abgebildet: Hugo Delbrück, der Hotelwirt Rudolf Lindemann, Carl Robert Lessing (Landgerichtsdirektor aus Berlin, Haupteigentümer der Vossischen Zeitung), Hermann von der Hude (Königlicher Regierungsbaumeister) und weitere Persönlichkeiten, Kaufleute, Bankiers, Fabrikbesitzer, hauptsächlich aus Berlin. Anton von Werner schrieb dazu:

»Es war eine Auslese nach Wesen und Beruf verschiedenartiger Persönlichkeiten, die sich da jeden Vormittag in der am Strande neben dem Kurhaus gelegenen von mächtigen Buchen beschatteten Kegelhalle zusammenfanden und mit kräftigem Wurfe ernsten Blickes die wuchtigen Kugeln in der Richtung auf den weiten Meereshorizont gegen das Ziel hinsausen ließen.«

Um 1900 erwarb Wilhelm Staudt, zu Wohlstand gelangt im Überseehandel, die einstmals östlichste Villa im Seebad von den Nachfahren des Malers Rudolf Eichstaedt. Staudt ließ das Haus baulich komplett verändern, wie der landseitige Wappenstein der Familie unterstreicht, und nannte es Miramar. Elisabeth Staudt verlebte dort nach dem Tode ihres Mannes jährlich ihre Sommer. Die imposante bronzene Büste des Kaisers scheint genau an diese Stelle zu passen, an die Kaisermeile, mitten im Kaiserbad Heringsdorf und vor allem vor der Villa, von dessen Balkon aus der Kaiser seinen Untertanen einst zuwinkte. Nur handelte es sich bei diesem um Kaiser Wilhelm II., während der Großvater, Kaiser Wilhelm I., dessen bronzener Kopf hier auf steinernem Sockel zu sehen ist, zwar als Gründer des Deutschen Kaiserreiches gilt und auch anwesend war, als sein Vater, Friedrich Wilhelm III., Heringsdorf seinen Namen gab, aber als Kaiser niemals in Heringsdorf weilte – schon gar nicht in dieser Villa, was auch nicht möglich war, da er schon 1888 verstorben war. Kaiser Wilhelm II. jedoch machte

Büste Wilhelm I.

Der Kaufmann Wilhelm Staudt erwarb das Haus um 1900, das gelegentlich auch von Kaiser Wilhelm II. besucht wurde.

tatsächlich ab 1895 bis 1914 in jedem Sommer einen Abstecher in das Ostseebad, um der Konsulswitwe Staudt einen Besuch abzustatten.

Auch der Slogan »Wo der Kaiser Urlaub machte« ist Unsinn, denn der Monarch hat hier niemals Urlaub gemacht, sondern war nur auf Stippvisite in Heringsdorf, wenn er sich während seiner Nordlandfahrten in Swinemünde aufhielt. Seine Jacht HOHENZOLLERN lag dann im Hafen von Swinemünde und er fuhr bis 1900 mit einer Kutsche, später mit dem Auto zum Teenachmittag in die Villa Miramar, die heutige Villa Staudt.

Der Kaufmann Wilhelm Staudt starb 1906 und seine Witwe verkaufte das Haus 1938 an Theodor Morell, den Leibarzt Adolfs Hitlers, der schon länger kleinere Sanatorien in Heringsdorf betrieb. Nach Zwischennutzungen als Lazarett 1944–45 und Sanatorium 1945–50 wurde das Haus Ferienheim des Zentralkomitees der SED und erhielt den Namen Wilhelm Pieck, der der erste und einzige Präsident der DDR war.

Auf einer kleinen Anhöhe, stilgerecht im Hintergrund einer gepflegten Parkanlage mit schönen alten Bäumen, steht die Villa Oechsler, die schon mehrfach als die »schönste Villa an der deutschen Ostseeküste« bezeichnet wurde. Das ist vielleicht übertrieben, aber sicher ist es die schönste in Heringsdorf. 1883 wurde das Haus im Auftrag des Berliner Unternehmers Herrmann Berthold im Stil des Neoklassizismus erbaut. Der Dreiecksgiebel an der Seeseite steht auf zwei Porphyrsäulen aus schwarz-grünem schwedischen Granit. Sie sind aus einem Stück geschnitten und zu runden Säulen auf Hochglanz geschliffen. Das Mosaikbild im Giebeldreieck wurde von dem weltbekannten italienischen Künstler Antonio Salviati, dem Inhaber einer Mosaik-Werkstatt in Murano, hergestellt.

Die Villa Oechsler – »die schönste Villa der deutschen Ostseeküste« – beherbergt heute ein Modegeschäft.

Das Motiv sind »Badende Grazien« von Anton von Werner. Es ist aus zehntausenden Kristallen, sogenannte Tesserae, zusammengefügt, einer Email-Glasschmelze, die als Material bereits in der Antike bekannt war. Teilweise sind Blattgold und Silber in die Tesserae mit eingeschmolzen, was die Leuchtkraft und den schimmernden Glanz des Bildes erklärt. Dieses Mosaik stellt eine kleine kunstgeschichtliche Sensation dar, es gibt nichts Vergleichbares in Norddeutschland.

1905, ein Jahr nach Bertholds Tod, wurde die Villa von Hans von Bleichröder erworben, der sich nur zwei Jahre später eine eigene Villa wenige Meter entfernt bauen ließ und das Gebäude an den Nürnberger Fabrikanten Otto Oechsler verkaufte, durch den es seinen heutigen Namen bekam. 1941 erwarb der Fotografenmeister Erwin Bock aus Anklam das Haus für 40 000 RM, der zu DDR-Zeiten die inzwischen denkmalgeschützte Villa an die Gemeinde Heringsdorf verpachtete, die sie dann als Gemeindebibliothek nutzte. Zum großen Vorteil für Heringsdorf kaufte der bäderarchitekturbegeisterte Unternehmer Hermann Hornung aus Neumünster 1997 die Villa Oechsler und ließ sie aufwendig originalgetreu bis zu den Tapeten restaurieren.

Auf und vor der Seebrücke 16

Hier ist das Zentrum von Heringsdorf. Bereits 1878 gab es eine erste Seebrücke. Dabei handelte es sich um eine rechteckig angelegte Holzkonstruktion ohne Aufbauten. Der einfache Bohlensteg mit Geländer erhob sich etwa drei Meter aus dem Wasser und war von zwei Seiten aus zugänglich. Nur kleine Boote konnten hier anlegen, für die Seebäderdampfer reichte die Wassertiefe nicht aus.

1891 bis 1893 wurde die neue Seebrücke durch die Aktiengesellschaft Seebad Heringsdorf unter Leitung von Hugo Delbrück errichtet. Sie ruhte auf mächtigen Pfählen, war bereits 500 Meter lang und bestand aus drei Teilen: der Eingangszone am Strand, dem Zugangssteg und dem Anlegebereich. Diese Seebrücke, die alles bisher Dagewesene in den Schatten stellte, erhielt den Namen Kaiser-Wilhelm-Brücke. Sie war eine über das Meer verlängerte Promenade, eine besondere Flaniermeile für die Gäste. Es gab türmchenreiche Aufbauten, Schnitzereien, Geschäfte und Restaurants – eine gelungene Verbindung von Schönheit und Zweckmäßigkeit.

Zu den wichtigsten Aufgaben des Seebades gehörte die Erhaltung und Erweiterung der Seebrücke. So erhielt sie 1902 einen seitlichen Anbau zum Anlegen der Motorboote, 1903 wurde die Anlegebrücke für die Rügendampfer, die Odinbrücke, fertig. Jetzt war ein täglicher Linienverkehr nach Stettin, Swinemünde, Ueckermünde, Anklam sowie Ahlbeck und Bansin möglich. Salondampfer der Stettiner Dampfschiffgesellschaft fuhren im Linienverkehr auch zur Insel Rügen, Bornholm, Kopenhagen und Königsberg.

Notwendige finanzielle Mittel wurden durch geregelte Tarife für die Brückenbenutzung eingenommen, sowohl von den Gästen, die die

Der Eingang zur Heringsdorfer Seebrücke, 1950er-Jahre

Der Dampfer RUGARD am Anleger

Brücke betraten, als auch von den Schiffen, die hier anlegten.

Der 27. Juni 1958 war ein besonders schwarzer Tag in der Geschichte von Heringsdorf. An diesem Sonntagabend wurde die Seebrücke fast restlos vernichtet, von zwei Jugendlichen aus dem Ort in Brand gesteckt. Nur einige Pfähle im Wasser und viele alte Fotos erinnern noch an die einst schönste Seebrücke Deutschlands. Die Pfähle stehen links neben der jetzigen, modernen Seebrücke.

Diese wurde 1994/95 erbaut, finanziert nun wieder vom Bankhaus Delbrück, und war einige Jahre auch in dessen Besitz. Hinsichtlich der Grundform orientierten sich die Architekten am Vorgängerbau, wobei statt Holz nun Stahl, Beton und Glas verwendet wurden. Die Brücke steht auf stählernen, mit Sand gefüllten Röhren (Pfeilern), die sechs Meter tief in den Meeresboden eingelassen wurden, und ist mit 508 Metern zurzeit die längste Seebrücke Kontinentaleuropas. Die Seebrücke wurde zu Pfingsten 1995 eingeweiht und musste schon am 3. Oktober desselben Jahres ihre erste Bewährungsprobe bestehen: Ein gewaltiger Sturm richtete Schäden an allen Seestegen der Küste an, nur die Heringsdorfer Brücke überstand ihn schadlos.

Besonders die Passage in der Mitte lädt zum Bummeln ein. Neben vielen kleinen Läden und Restaurants gibt es auf den vier Etagen zwei Kinosäle, ein Muschelmuseum und Ferienwohnungen. Der Steg über der Ostsee ist in der Mitte durch eine Plexiglaswand geteilt und überdacht, sodass man auch bei Sturm und Regen geschützt zunächst bis zur Mittelplattform mit weiteren Geschäften und dann weiter zum Seebrückenkopf gelangt, wo Restaurants in dem pyramidenähnlichen Gebäude zur Einkehr einladen. Auch lässt sich von hier aus die wunderschöne Aussicht genießen. Westlich ist das Seebad Bansin zu entdecken, das jüngste und kleinste der drei Kaiserbäder. Auch in Bansin erkennt man einen Seesteg, von hier aus gut zwei Kilometer entfernt, dahinter beginnt

Die Glaswand auf der Heringsdorfer Seebrücke ermöglicht das Flanieren auch bei Wind und Wetter.

die Steilküste mit dem Langen Berg (54 m) und im Hintergrund sieht man den Streckelberg bei Koserow (59 m), die höchste Erhebung an der Außenküste der Insel Usedom. In Richtung Osten fällt zunächst die Ahlbecker Seebrücke auf, auch sie in zwei Kilometern Entfernung. Noch dahinter sind die Kräne, der Leuchtturm und die Mole des Swinemünder Hafens zu erkennen und links die Küstenlinie der Nachbarinsel Wollin mit dem Seebad Misdroy.

Verlässt man die Seebrücke wieder, sieht man linkerhand, neben einer ausgestellten Schiffsschraube ein von einer Metallplatte abgedecktes, gemauertes Quadrat. Wie man der kleinen Tafel darauf entnehmen kann, handelt es sich um einen Solebrunnen. Auf Initiative Werner Delbrücks erfolgte hier schon 1908/09 eine Bohrung bis in 223 Meter Tiefe. Sie brachte jedoch nicht die erforderliche Menge Sole zu Tage. Erst 1929/30 erfüllte eine Bohrung in 408 Metern Tiefe die Erwartungen. Die Sole enthält 39 Prozent Salz, 4 Prozent Jod und hat eine Temperatur von 15° Celsius. In den 1930er-Jahren gab es hier eine Trinkhalle für diese Sole, zu DDR-Zeiten wurde sie den Kurgästen in den FDGB-Heimen verordnet und jetzt wird sie in die Ostseetherme, dem Thermalbad zwischen Heringsdorf und Ahlbeck, geleitet und dort zum Baden 1:4 verdünnt.

Viel auffälliger als diese »Schatzkammer von Heringsdorf« ist ein anderer, nämlich der Kugelbrunnen, der während des 1. Seebrückenfestes am 9. September 1995 in Betrieb genommen wurde. Eine 2,5 Tonnen schwere Kugel dreht sich auf einem dünnen Wasserfilm auf dem Basisstein. Er ist ein beliebter Treffpunkt vor allem für die Reisegruppen, die fast täglich über die Kaisermeile und die Seebrücke bummeln.

Ab Mitte des 19. bis in die Zwanziger des 20. Jahrhunderts befanden sich links und rechts der Seebrücke die Badeanstalten. Heringsdorf verfügte 1859 neben 16 Badehütten und zwei Badekarren erst über jeweils ein Damen- und ein Herrenbad, während es 1877 schon fünf große Badeanstalten besaß. Damen und Herren badeten also streng voneinander getrennt, die Errichtung der Familienbäder zu Beginn des 20. Jahrhunderts war schon ein Fortschritt. Die beiden Heringsdorfer Familienbäder lagen beiderseits der Seebrücke. Um den wachsenden Bedarf zu befriedigen, wurde 1909/10 östlich der Seebrücke, unterhalb des Strandcasinos, ein neues Familienbad errichtet, *»eine architektonisch großartige, originelle und mit bedeutendem Kostenaufwand errichtete Anlage für gemeinsam Badende von beiden Geschlechtern«*, als dessen Schöpfer Werner Delbrück gilt.

Der Kugelbrunnen vor der Seebrücke

1931 wurde eine Wasserrutschbahn errichtet, die Badenden fuhren in Schlitten auf Schienen von einer Höhe von zwölf Metern ins Wasser hinab. Das Familienbad wurde, als man die Badeanstalt nicht mehr benötigte, zu einem Tanzlokal umgebaut und ist 1963 durch einen Brand zerstört worden.

Oben: Das Heringsdorfer Familien-Bad Nr. I, um 1900 **Unten:** Blick auf den Strand, 1910er-Jahre

Links von der Seebrücke ist ein wirklich großer Strandkorb zu entdecken, eine Informationstafel davor weist ihn sogar als den nachweislich größten der Welt aus. Ganze Großfamilien oder Reisegruppen können sich hineinstellen, um ein originelles Erinnerungsfoto an ihren Heringsdorfbesuch schießen zu lassen. Hergestellt wurde er in der Heringsdorfer Korb GmbH, der traditionsreichsten Strandkorbfabrik Deutschlands, die sich in der Nähe des Bahnhofes befindet.

Gegenüber der Seebrücke, in auffälligem Kontrast zur Villa Oechsler daneben, steht heute das Anfang der 1980er-Jahre in typischer Fertigteil- und Plattenbauweise errichtete Kurhotel.

Oben: Kurplatz mit Blick in Richtung Ahlbeck, handkolorierte Postkarte
Unten: Das Kurhaus, handkolorierte Postkarte

1873 hatte man hier den Grundstein für ein repräsentatives Logierhaus gelegt, dessen Bau sich bis 1903 hinzog. Bei seiner Fertigstellung galt dieses Haus mit Fahrstühlen und fließend warmem Wasser als hochmodern. Unter dem Namen Kaiserhof Atlantic wurde es zeitweise von der bekannten Hotelkette Kempinski bewirtschaftet. Der Chronist Hartwig schwärmte:

»Man hat es verstanden, dieses so herrlich gelegene Hotel mit dem wundervollen Blick auf das blaue Meer zu einem Lieblingsaufenthalt für das erlesenste Publikum zu machen. Mit seiner wohl 500 Personen fassenden mächtigen Glashalle erinnert es lebhaft an die Palasthotels an der Riviera.«

Zu diesem »erlesenen Publikum« gehörten der Reichskanzler und Friedensnobelpreisträger Gustav Stresemann, König Albert von Sachsen, der Zeitungsverleger Rudolf Ullstein, Filmstars wie Henny Porten, Heinz Rühmann und Claire Waldorff, auch Alfred Döblin und Heinz Konsalik. Die meisten Gäste kamen aus Berlin. Von dem bekannten Karikaturisten Paul Simmel gibt es eine Zeichnung mit der Unterschrift: »Die Exclusiven«, auf der sich drei vornehme Gäste unterhalten:

»Was da für Elemente eindringen! Gestern waren zwei Leute in Heringsdorf, die ich noch niemals am Kurfürstendamm gesehen habe.«

Der Zeichner hatte in Heringsdorf aber selbst ein unangenehmes Erlebnis, wie man einem Beitrag in der Berliner Illustrierten Zeitung vom 31. August 1930 entnehmen kann:

»Gegendarstellung von Paul Simmel

Er gibt sich für Paul Simmel aus (Tempo-Fernspruch)

Der Berliner Zeichner Paul Simmel ist während seines Kuraufenthaltes in Heringsdorf in eine peinliche Affäre verwickelt worden. Er wurde beschuldigt, sich eine Woche lang in Ahlbeck als Zech- und Logis-Preller aufgehalten zu haben. Tatsächlich handelt es sich dabei, wie die Polizei jetzt ermittelt hat, um einen Schwindler, der seit langem unter dem Namen Paul Simmel reist.

In Ahlbeck hat er auch, wie schon früher, eigene Zeichnungen mit entfernt an Paul Simmels Stil erinnernde Karikaturen verkauft, das Stück zu fünf Mark. Hier wie in früheren Fällen hat der Schwindler sich als angeblicher Paul Simmel in Liebesabenteuer eingelassen, aus denen für den echten Künstler eine Kette höchst unerfreulicher Verwicklungen entstanden sind.«

1937 wurde der Film »Hahn im Korb« mit Heinz Rühmann in der Hauptrolle um und in dem Kurhotel Atlantic gedreht. Auch in Heinz Konsaliks Roman »Sommerliebe« wird das Heringsdorf der 1930er-Jahre geschildert.

Aber in dieser Zeit veränderte sich alles. Schon im August 1935 hatte der NS-Staat alle jüdischen Deutschen vom Besuch der Ostseebäder ausgeschlossen. Auch in Heringsdorf durften die Juden, die dieses Seebad für ihren Urlaub bevorzugt hatten, nicht mehr anreisen. Zugleich begann die Enteignung und Vertreibung ortsansässiger Juden. Der sozialdemokratische Bürgermeister wurde abgesetzt. Die Insel wurde inzwischen militärisch aufgerüstet. Der Kriegshafen Swinemünde war ausgebaut worden und in Peenemünde wurden ab 1936 in der Heeresversuchsanstalt die berüchtigten V-Waffen entwickelt und getestet.

Die Pensionen wurden während des Krieges zum großen Teil für die Aufnahme von Kindern aus bombengeschädigten Städten genutzt. Aber auch Angehörige der Wehrmacht bevölkerten zunehmend das Ostseebad. Die Auswirkungen des Krieges wurden auch auf Usedom spürbar. Am 12. März 1945 führte ein Luftangriff der US Air Force zu schweren Zerstörungen. Die Opferzahlen sind umstritten. Auf einer Tafel im Mahnmal auf dem Golm steht: »23 000 Tote mahnen«. Inzwischen geht man davon aus, dass diese Zahl zu hoch ist, verschiedene Quellen nennen 6 000 bis 20 000 Opfer. Die meisten Toten fand man im Stadtpark von Swinemünde und auf der Insel Wollin.

Auch Heringsdorf war nun, wie andere Badeorte, voller Flüchtlinge. Viele Häuser wurden als

Lazarett genutzt: z. B. das Hotel Weißes Schloß, das Esplanade, Lindemanns Hotel, das Quisisana und andere, auch das Kurhaus.

Als am 4. Mai 1945 sowjetische Luftangriffe auf die Munitionsanstalt in der Mellenthiner Heide erfolgten, verließen am selben Tag die letzten Sturm- und Motorboote den Hafen von Swinemünde. Auch in Heringsdorf herrschte Aufbruchstimmung. Der Ortsgruppenführer, der Bürgermeister Alfred Schmadtke und andere Funktionäre verließen mit einem Rettungsboot im Schlepptau eines Schnellbootes von der Seebrücke aus den Ort. Durch die überstürzte Flucht vieler Wehrmachtsteile mit Waffen und Gerät von der Seebrücke aus war die gesamte Promenade zerfahren worden. Überdies hatten Bombenabwürfe sowjetischer Flugzeuge, die diese Flucht zu verhindern suchten, aber durch das starke Abwehrfeuer abdrehen mussten, ihre Spuren hinterlassen.

Am 5. Mai besetzten sowjetische Truppen die Insel Usedom. Ein Bansiner Einwohner, der Lehrer Willi Richter, Bruder des Schriftstellers Hans Werner Richter, fuhr der Roten Armee mit weißer Flagge entgegen und rettete wahrscheinlich durch die kampflose Übergabe vielen Einwohnern das Leben und den Ostteil der Insel Usedom vor weiterer Zerstörung.

Im Sommer 1945 hatte sich die Einwohnerzahl der Seebäder durch Flüchtlinge und Umsiedler verdreifacht, was natürlich Versorgungsschwierigkeiten und Wohnungsnot mit sich brachte. Die Hotels und Pensionen waren bis unters Dach belegt, vorher offene Balkone wurden durch Fenster verschlossen, um zusätzlichen Wohnraum zu schaffen. Noch bis in die 1950er-Jahre ragten oft Ofenrohre aus den Fenstern, die Sommerhäuser wurden durch eiserne Öfen zunächst notdürftig beheizt. Zudem hatten im Zentrum von Heringsdorf sowjetische Armeeangehörige ein Sanatoriumsgebiet errichtet, das für Einheimische gesperrt war. Diese 41 Gebäude mit insgesamt 1388 Betten wurden 1950 an die inzwischen gebildete Regierung der DDR übergeben.

Der Kurplatz mit Konzertmuschel in friedlicheren Zeiten

FDGB-Ferienheime 17

1950 war die Geburtsstunde des FDGB-Feriendienstes für Heringsdorf. Von den 41 Gebäuden des sowjetischen Sanatoriums wurden 16 Häuser dem FDGB übereignet, andere erhielten z. B. die Deutsche Volkspolizei und das Zentralkomitee der SED. 1951 kamen 19265 Urlauber nach Heringsdorf, 1955 stieg die Gästezahl auf über 33000 (bis 1989 auf ca. 60000). Sie verteilten sich auf 28 FDGB-Heime und 17 Betriebsferienheime. Auch die Anzahl der privaten Vermieter stieg kontinuierlich. Als »Seebad für verdiente Werktätige« wurde Heringsdorf zielgerichtet gefördert. Zu den Gästen gehörten Persönlichkeiten aus Politik, Kultur und Wirtschaft wie Friedrich Ebert, Oberbürgermeister von Ostberlin, Herbert Warnke, Vorsitzender des Bundesvorstandes des FDGB, später sein Nachfolger Harry Tisch und auch Erich Mielke verbrachten hier einige Urlaube. Viele bekannte DDR-Schauspieler und -Sänger besuchten Heringsdorf zu Auftritten oder zur Erholung, auch Schriftsteller wie Dieter Noll oder Jurij Brezan.

Die drei großen Hotelbauten aus der Gründungszeit des Seebades, die heute noch das Zentrum Heringsdorfs prägen, waren auch die wichtigsten Häuser des FDGB-Feriendienstes im Ort. Das Seeschloß diente unter dem Namen Freundschaft jahrelang als Erholungsheim für ausländische Gäste. Im Rahmen des Urlauberaustausches unter Schirmherrschaft des Weltgewerkschaftsbundes reisten unter anderem ungarische, tschechische, guineische sowie französische Delegationen an. Im Mai 1960 war der Generalsekretär der guineischen

Lindemanns Grand-Hotel Seeschloß wurde in FDGB-Heim Freundschaft umbenannt.

Befreiungsorganisation UGTAN, Diallo Seydou, zu Gast. Ihm zu Ehren wurde das Haus zum zweiten Mal nach 1945 umbenannt, diesmal vom damaligen FDGB-Chef Herbert Warnke in M'Balia Camara nach einer guineischen Freiheitskämpferin, die von französischen Legionären ermordet worden war.

Das Esplanade wurde in den letzten Kriegsjahren als Lazarett genutzt, dann als sowjetisches Sanatorium und bereits unter dem Namen Frieden als Ferienheim der Volkspolizei, die es dann dem FDGB übergab.

Das Hotel See-Eck gehörte bis zur Aktion Rose dem Heringsdorfer Hotelier F. W. Werthmann und trug den Namen Quisisana. Nach 1953 wurde es ein FDGB-Heim unter dem Namen Fortschritt, später benannte man es noch einmal in Gerhard Opitz um, nach einem Mann, der in der DDR als »Held der Arbeit« ausgezeichnet worden war. Auch diese beiden Häuser wurden als Gästehäuser für ausländische Gewerkschaften genutzt.

Der Pommersche Hof, erbaut als Lindemanns Hotel, ging nach Auflösung des sowjetischen Sanatoriums in die Rechtsträgerschaft der SED über und wurde unter dem Namen Albin Köbis mehrere Jahrzehnte als Erholungsheim des ZK der SED genutzt.

Auch das Kurhotel wurde ab 1945 als sowjetisches Sanatorium genutzt und 1950 dem FDGB übereignet. Unter dem Namen Solidarität war es eines der größten Gewerkschaftsheime der DDR. Aufgrund des baulichen Zustandes musste 1979 der gesamte Komplex, einschließlich des ehemaligen Warmbades, gesprengt werden. 1984 wurde das neue Solidarität eröffnet, ein für diese Zeit typischer Plattenbau mit mehr als 1250 Betten.

Schon in den 1950er-Jahren wurden in Heringsdorf die natürlichen Heilmittel wie Moor-

Postkarte aus dem FDGB-Heim Solidarität, ehemals Kurhotel

bad, Sole, Seewasser und das Seeklima für Kuren eingesetzt. Allein im damaligen Heim Solidarität mit den angegliederten Bettenhäusern betreute man z.B. im Jahre 1960 insgesamt 2000 Kurgäste.

1960 ermöglichte Manfred von Ardenne, langjähriger Gast in Heringsdorf, dem Seebad die Einrichtung einer Volkssternwarte. Sie befindet sich noch heute in den Dünen neben dem Sportplatz. 1962 entstand in Heringsdorf eine Filiale der Interflug, der Fluggesellschaft der DDR. Der Flugplatz zwischen Zirchow und Garz erhielt den Namen Flughafen Heringsdorf. Die Fluglinien von und nach Dresden, Berlin oder Prag wurden aber 1979 aus Rentabilitätsgründen wieder eingestellt. 1974 bekam das Seebad den Titel »Staatlich anerkannter Erholungsort« zugesprochen. Heringsdorf war das wirtschaftliche und kulturelle Zentrum im Osten der Insel. Hier befanden sich das Krankenhaus und die Poliklinik, ein großer Gefrierkost-Betrieb und die Strandkorbfabrik, die Oberschule und das Kulturhaus mit Theatersaal. Wie in allen Seebädern war der FDGB-Feriendienst der größte Arbeitgeber im Ort.

Den Komplex des ehemaligen FDGB-Heimes Solidarität erwarb 1990 eine niederländische Gesellschaft, ließ erhebliche Umbauten vornehmen und integrierte eine Kurklinik. Auch wenn dieser »Klotz« noch immer keinen schönen Anblick zwischen der Bäderarchitektur in Heringsdorf ist, bildet er doch gemeinsam mit der neuen Seebrücke und der Konzertmuschel wieder ein zeitgerechtes Ensemble.

Der Konzertplatz ist heute von gepflegten Hecken und Grünanlagen umgeben. Der alte Musikpavillon war schon Anfang der 1990er-Jahre in einem so schlechten Zustand, dass er abgerissen wurde. Die neue Konzertmuschel ist im modernen Stil errichtet, passend zur Seebrücke und dem gegenüberliegenden Kurhotel.

Die moderne Konzertmuschel – Veranstaltungsort in bester Lage

Kurplatz 18

Auf der rechten Seite finden sich die Konzertmuschel und der Kurplatz. Hier stand einst das berühmte Strandkasino, das unter anderen der sehr produktive Schriftsteller Heinz G. Konsalik in seinem Roman »Sommerliebe« erwähnt. Seine Geschichte spielt im Jahre 1939 und Konsalik veranschaulicht darin die Stimmung der Menschen direkt vor dem Zweiten Weltkrieg, den Tagesablauf der Badegäste und natürlich das Seebad Heringsdorf in seiner Glanzzeit.

»Dort, wo die breite, blumengeschmückte, von gepflegtem Rasen eingerahmte Kurpromenade in die Dünen auslief, lag der als Mittelpunkt des gesellschaftlichen Lebens gerühmte Bau des ›Strandkasinos‹.« Konsalik beschreibt in der »Sommerliebe« den Bau sehr detailliert: Dem Stein- und Holzbau schloss sich eine Gartenterrasse an. Auch die bunten Fähnchen an den zahlreichen Türmen bleiben nicht unerwähnt. Das lange Foyer des Gebäudes war mit rosa Seide und großen Spiegeln ausgestattet und durch breite Türen erreichte man den Festsaal. *»Diesem Saal schloß sich wieder eine breite Glasveranda an, von der man einen wundervollen Blick auf die blaue See und die in den Dünen sich küssenden Liebespaare hatte.«*

Das Strandkasino wurde 1946 durch einen Brand vernichtet und an seiner Stelle im Auftrag der Militäradministration ein Kulturhaus für sowjetische Soldaten errichtet. Diese, im Stil sowjetischer Monumentalarchitektur errichtete, großzügig gestaltete Anlage enthielt einen Saal mit 750 Plätzen. Als die Gemeinde Heringsdorf das Kulturhaus 1950 übernahm, entwickelte sie es zum bedeutendsten Veranstaltungszen-

Den Kurplatz dominiert das Ende der 1940er-Jahre errichtete Kulturhaus im Jahre 1956.

Das Strandkasino auf einer Postkarte

trum im Osten der Insel. In den 1990er-Jahren sicherte der Bau des Maritim-Hotels Kaiserhof den Erhalt der Anlage. Spielbank, Tourismusinformation und Geschäfte wurden nach umfangreicher Sanierung integriert. Auch heute finden hier wieder größere kulturelle Veranstaltungen statt, wie die inzwischen international bekannten Modenschauen oder einzelne Konzerte der »Usedomer Musikfestspiele«. »Spielbank« steht nur noch an der Fassade, die Räume gehören jetzt zu einem »konzept-store« unter dem Namen Strandcasino: gehobene Gastronomie mit integrierten Boutiquen – oder umgekehrt, betreutes Shoppen sozusagen.

Das Strandkasino war 1946 einem Brand zum Opfer gefallen.

Hotels und Villen hinter der Promenade 19

Rechterhand das Maritim-Hotel geht es die Stufen hinauf, dann nach links zum Platz des Friedens. Hier befindet sich das Ärztehaus, davor eine hohe Düne, auf der einige große Buchen wachsen. In der Ortsplanung ist vorgesehen, diesen nicht gerade attraktiven Komplex zu entfernen und bei einer Neugestaltung einen Durchgang von der Strandpromenade in die Friedenstraße zu schaffen. Das wird besonders die Geschäftsleute freuen, deren Läden bisher von der Flanierstrecke der Gäste etwas abgeschieden sind. Die Friedenstraße, die an diesem Platz beginnt und östlich verläuft, hieß früher Wilhelmstraße und war schon immer die Ladenstraße von Heringsdorf. Typisch sind die dreistöckigen Häuser: Unten hatten die Besitzer ihre Läden, darüber die eigenen Wohnungen und als zweites Standbein Ferienwohnungen oder -zimmer.

An der hier beginnenden Delbrückstraße befindet sich ein flacher Backsteinbau, der einmal das Verwaltungsgebäude der Aktiengesellschaft Heringsdorf war. Darin wird die neue Kurverwaltung des Seebades eingerichtet; zuvor befand sich hier auch die Badedirektion, zeitweise das Gemeindeamt, auch einmal eine Polizeistation, viel später waren ein Reisebüro und noch später der Jugendclub untergebracht. Auch die einzig verbliebene Gemeindebibliothek der Kaiserbäder soll nach dem Umbau dort integriert werden. Die Heringsdorfer Maxim-Gorki-Bibliothek befand sich vorher in der Villa Oechsler. Jetzt kann man dort Edelmode kaufen.

Am Hotel Pommerscher Hof gelangt man wieder auf die Seestraße. Hier stehen die typischen Heringsdorfer Hotels aus der Gründungszeit. Auf der gegenüberliegenden Straßenseite, rechts, an der Ecke zur Kulmstraße befindet sich das Hotel See-Eck in der Seestraße 1. Der Bau lässt leider nur noch wenig von der 1901 erbauten Villa Quisisana erkennen, in der sich im Spätsommer 1916 der Opernkomponist Engelbert Humperdinck mit seiner Familie erholte und auch komponierte.

Links daneben erbaute der Geschäftsmann Emil Lindemann das wohl bis heute vornehmste Haus am Platz unter dem Namen Grand Hotel Seeschloß. Dieses besonders exklusive Haus, dessen Ruf sich in ganz Deutschland verbreitete, besaß bereits einen Personenaufzug, Etagenbäder und eine »bestempfohlene Wiener Küche«.

Neobarocke Balkone, massive Erker und mittige Loggien bestimmen die Architektur des

Blick auf das Grand Hotel Seeschloß

Hauses. Der Turm entspricht nach einer Rekonstruktion 2004 wieder dem Original. Im Seeschloß war 1917 der bekannte Tenor Richard Tauber zu Gast. Er emigrierte 1938 nach London, wo er die britische Staatsbürgerschaft annahm und 1948 verstarb. Auf einem Foto aus dem Jahre 1926 ist Richard Tauber mit Henny Porten auf der Heringsdorfer Seebrücke zu sehen. Auch der österreichische Operettenkomponist Leo Fall erholte sich 1919 im Seeschloß. Er gehörte zu den wichtigsten Vertretern der spätbürgerlichen Wiener Operette wie »Madame Pompadour« und »Der fidele Bauer«.

Der nächste Prachtbau in dieser Straße ist das 1896/97 im Stil der berühmten Palasthotels erbaute damalige Schloß Dorothea. 1910 wurde das Gebäude von Emil Lindemann erworben, in Schloß Bruck, nach dem Geburtsort seiner Frau umbenannt, aber schon 1912 an ein jüdisches Ehepaar weiterverkauft. Nun bekam das Haus den Namen Esplanade. Bekannte Gäste waren ein Hohenzollern-Prinz und der Operettenkomponist Walter Kollo. Es war jedoch nicht nur für Lindemann ein finanzieller Misserfolg, auch bei den häufig wechselnden nachfolgenden Besitzern überstiegen die Kosten trotz sehr hoher Zimmerpreise ständig die Einnahmen. Im Zweiten Weltkrieg diente das Haus als Lazarett, dann der Roten Armee als Sanatorium, wurde später ein Ferienheim der Volkspolizei und schließlich FDGB-Erholungsheim. Heute trägt es wieder den Namen Esplanade und gehört ebenso wie der Pommersche Hof zur Hotelkette Seetel.

Hier begegnet uns wieder der Name Lindemann. Emil Lindemann war in den Glanzzeiten von Heringsdorf vermutlich der finanzkräftigste oder kreditwürdigste Bürger. Nebenbei war er auch an den Ballon-Fahrten Werner Delbrücks beteiligt. Der jetzige Pommersche Hof gehörte zwar offiziell einem Hotelier namens Cyprian Hermann, wegen der beträchtlichen Summen, die Lindemann in dieses Haus gesteckt hatte, trug es jedoch den Namen Lindemanns Hotel.

Zeichnung von Lindemanns Hotel

1916 war hier Friedrich Hollaender, der Allroundman des Kabaretts der 20er-Jahre, zu Gast und auch Trude Hesterberg, schon zurzeit ihres Aufenthaltes in Heringsdorf eine bekannte Chansonette. Sie spielte in 38 Tonfilmen mit und hatte in Rudolf Nelsons Kabarett in Berlin und auch als Interpretin von Tucholskys Chansons große Erfolge gefeiert. Friedrich Holländer schrieb über sie: *»Sie sang, sie schmetterte, sie säuselte die schärfsten Lieder der Zeit. Am schärfsten sind sie ja, wenn sie säuselt (...)«* 1925 nahm Walter Kollo, der Hauptvertreter der Berliner Operette, dessen Lieder noch heute bekannt und beliebt sind, mit seiner Frau Quartier in Lindemanns Hotel. In diesem Jahr heißt es in einem Geleitwort des Kurdirektors im Heringsdorfer Badeanzeiger:

»Die Hauptsaison hat in vollstem Maße eingesetzt. – Bubikopf ist Trumpf. Soviel elegante Bubiköpfe gleichzeitig zusammen sieht man wohl selten in Deutschland. (...) Das Bad ist gänzlich mückenfrei. Ein großer Tattersall mit prächtigen Pferden ist vorhanden. Am 23. Juli beginnt das große internationale Tennisturnier, das auf den 12 schönsten Tennisplätzen der Welt. Alle Weltmeister des grünen Rasensport haben hier in Heringsdorf sich ihre Sporen einst geholt und Triumphe gefeiert.«

Als Gäste werden genannt: Seine Exzellenz Gustav Stresemann (Außenminister, Reichskanzler und Friedensnobelpreisträger), die Schauspielerin Henny Porten mit ihrem Gatten, der Komponist Eduard Künneke. Auch Max Pallenberg und seine Frau Fritzi Massary, zu dieser Zeit sehr berühmte Schauspieler, verbrachten ihren Badeurlaub in Heringsdorf. In den Zwanzigerjahren weilten auch die Kabarettistin Claire Waldoff sowie die Schauspieler und Schauspielerinnen Lilian Harvay, Grethe Weiser, Willy Fritsch, Harry Piel, Emil Jannings, Adele Sandrock, Luis Trenker, Hans Albers und andere Filmsterne im Seebad Heringsdorf.

In der Seestraße, am Pommerschen Hof vorbei, befindet sich eine Apotheke. Sie wurde schon 1888 von dem Swinemünder Apotheker Markwardt als Zweigstelle errichtet.

Auf der anderen Straßenseite findet sich Das kleine Restaurant, das vor mehr als hundert Jahren schon fast genauso aussah und als Schloss-Konditorei, eine der vielen kleinen gastronomischen Einrichtungen, dem Luxus in Heringsdorf diente.

In der Seestraße befindet sich auch der Pommersche Hof.

Die Heringsdorfer Apotheke stammt aus dem Jahre 1888.

Links daneben steht an einem Hügel die ehemalige Polizeistation von Heringsdorf. Das Gebäude ließ gegen Ende des 19. Jahrhunderts der erste Amtsvorsteher Hermann Liehr in der früheren Kaiserstraße bauen. Um 1900 hatte hier die Badedirektion ihren Sitz. Die Villa ist noch heute in ihrer ursprünglichen Struktur erhalten. Schornsteine, in der damaligen Zeit nicht für alle Villen üblich, lassen darauf schließen, dass das Gebäude auch im Winter bewohnbar war. 1924 erwarb der Gutsverwalter von Pudagla, ein Mann namens Drenkhahn, das Grundstück und bezog mit seiner großen Familie das obere Stockwerk. Das Erdgeschoss wurde an Ärzte vermietet. Die Schwestern Drenkhahn lebten noch lange im oberen Stockwerk der Villa, vermieteten sie von 1958 bis 1964 an die damalige Volkspolizei, der sie das Haus 1964 verkauften.

Die Villa links daneben, an der Ecke Seestraße/Setheweg, entstand an der Stelle eines Häuschens des Weinhändlers Waldenberg und gehörte einem sehr beliebten Arzt, Dr. Kortüm. Nach wechselnden Besitzern wurde es Gemeindehaus, in dem auch die Gemeindevorsteher Manthey und Walter Bergmann wohnten. Auch in DDR-Zeiten und bis in die 1990er-Jahre, als Räume im neu erbauten Maritim-Hotel angemietet wurden, befand sich hier der Rat der Gemeinde Heringsdorf, einschließlich eines Standesamtes.

Blick in Richtung Bansin

Zurück auf dem Kulm 20

Über einige Stufen des Apothekerweges gelangt man in die Klenzestraße, dann rechterhand hinunter zur Kulmstraße. Die Klenzestraße ist nach dem Berliner Universitätsprofessor Carl August Clemens Klenze benannt. Er war der Bruder des Hofarchitekten der bayrischen Könige Maximilian I. und Ludwig I., Franz Karl Leo von Klenze. In alten Lexika wird er als der Begründer des Seebades Heringsdorf bezeichnet. Wahr ist, dass er zu den ersten Hausbesitzern in der Kulmstraße gehörte und durch sein Beispiel andere Honoratioren aus Berlin zum Bodenerwerb in Heringsdorf veranlasste. Auf seinem damaligen Grundstück steht heute das Terrassencafé.

In der Villa Fraedrich in der Klenzestraße 14 war bis zum Bau des Verwaltungsgebäudes der Aktiengesellschaft am heutigen Platz des Friedens die Badedirektion untergebracht. Danach beherbergte sie die Praxis des Badearztes Dr. Heinrich von Wallenstedt.

Wenn noch etwas Zeit ist, lohnt sich eine Einkehr in das Eis-Café an der Ecke Klenze-/Kulmstraße, das nicht nur von den Gästen, sondern auch von den Einheimischen besonders geschätzt und am meisten empfohlen wird.

Den Kulm hinauf findet sich an der rechten Seite ein Haus mit gelber Ziegelfassade, von Bändern in rotem Backstein sowie geschosstrennendem Deutschen Band durchzogen. Die Villa Stobwasser beeindruckt durch Plastiken auf Säulen, figürliche Reliefs und Medaillons mit vollplastischen Köpfen. Erbaut wurde sie 1868 von Gustav Stobwasser, der in seiner Jugend eine künstlerische Karriere angestrebt hatte. Die Architektur des Gebäudes und ganz besonders der Bauschmuck spiegeln seinen Sinn für Kunst wider. Er übernahm dann aber doch die Leitung der international bekannten Stobwasser'schen Lackierwarenfabrik in dritter Generation und war später der größte deutsche Lampenfabrikant. In den 1870er-Jahren ging die Villa in den Besitz des Eisenbahnpräsidenten Paul Jonas über, dessen Schwester Luise mit Adalbert Delbrück verheiratet war.

Die Villa von Beust ist bereits 1859 in einem Lageplan von Heringsdorf verzeichnet. Der Ortschronist Erich Hartwig erwähnt das Gebäude 1932 als Sommerresidenz des Grafen Friedrich Ferdinand von Beust. Dieser war seit 1849 sächsischer Außenminister und übernahm zehn Jahre später das Amt des Ministerpräsidenten von Sachsen. Als Gegner der Politik Bismarcks führte von Beust Sachsen an der Seite von Österreich in den Deutschen Krieg. Nach der verlorenen Schlacht bei Königgrätz emigrierte von Beust nach Wien und wurde österreichischer Außenminister.

An der fast höchsten Stelle von Heringsdorf thront die Villa Fontane. Sie gehört zur frühen Bebauung der Kulmstraße und ist noch vor 1859 entstanden. Vom 22. August bis zum 2. September 1863 hatte sich Theodor Fontane hier in der Kulmstraße 12 eine Wohnung bei Heinrich von Wallenstedt gemietet. Der Besitzer des Hauses und Fontanes Gastgeber war Badearzt in Heringsdorf. Ihm hat das Seebad die erste nennenswerte Schrift über den Ort zu verdanken, die Wallenstedt 1879 unter dem Titel »Ostseebad Heringsdorf auf der Insel Usedom« verfasste. Fontane ging es zu dieser Zeit nicht gut, er war erschöpft. Seine Frau Emilie riet ihm, irgendwohin zu fahren, und er dachte sofort an die Ostsee. *»Ich fahre nach Swinemünde oder Heringsdorf«*, entschied er, *»wenn etwas hilft, dann das.«* Er wandelte auf den Spuren seiner Kindheit in Swinemünde, zu der auch Ausflüge mit seinen Eltern nach Heringsdorf gehörten. Seine Erinnerungen und Eindrücke in Heringsdorf verarbeitete Fontane nicht nur in »Meine Kinderjahre« (1893), sondern auch in seinem Roman »Effi Briest« (1895). Im August 1863 schrieb er in einem Brief an seine Frau aus Heringsdorf:

Die Villa Fontane in der Kulmstraße 12

»Es läßt sich gegen diese Badereiserei gewiß viel sagen, in hundert kleinen Dingen verschlechtert man sich, es fehlt an Komfort und manchem andren noch, aber man hat Ruhe und frische Luft, und diese beiden Dinge wirken Wunder und erfüllen die Nerven, Blut und Lungen mit einer stillen Wonne. Selbst in Swinemünde hatte ich am Sonnabend schon dieses Gefühl, hier habe ich es seit gestern in verstärktem Grade. Gestern um 2 nahm ich einen Wagen und fuhr am Strande entlang hierher. Das Wetter ist schlecht, gestern Wind, heute Regen und doch muß ich sagen, es ist entzückend. Das Zimmer, das ich bewohne, ist freundlich, geräumig; das Haus selbst allerliebst; der Blick durch die Bäume hindurch auf das graue Meer poetisch und für Herz und Sinne unendlich wohltuend. Herr und Frau Wallenstedt sind liebenswürdige Leute. (...) Dann streifte ich durch den Wald, auf der Rückkehr, mitten im Buchengrün hörte ich Orgelklänge, denen nachgehend ich in die Waldkirche kam, die geschmackvoll mit ihrem rotbraunen Ziegelton aus dem Waldesgrün emporwächst. Die Kirche ist aus und die schmalen Stiege fingen an, sich mit heimkehrenden Kirchengängerinnen zu beleben. Dazu die Stille, nur Waldes- und Meeresrauschen – es machte einen überaus freundlichen Eindruck auf mich. Bald darauf ging es im großen Gasthaus zu Tisch.«

Mit dem Gasthaus ist sicher das Gesellschaftshaus gemeint, das bis 1926 oben links auf dem Kulm, Ecke Rudolf-Breitscheid-Straße stand. In einem weiteren Brief, am 30. August geschrieben, drückt er sein Empfinden weniger poetisch aus:

»Ich habe nun das Meer zu allen Tageszeiten gesehn, grau, blau, mit und ohne Wellen, bei Mond- und Sonnenschein, und ich habe nun nachgerade ein Gefühl davon; ja, so schön das ist, man kann doch nicht immer bloß aufs Meer blicken. Dazu kommt wohl, daß ich auch hier immer erkältet bin, also alles nur halb genieße. Wäre ich ein brillanter Fußwandrer, der die Insel nach allen Seiten hin durchstreifen, Abwechslung in die Bilder bringen, auch wohl mit dem Volk in Berührung kommen könnte, so wäre das ein ander Ding; – wie es aber ist, es ist schön, aber langweilig, trotz der Bekanntschaften, die ich hier gemacht oder erneuert habe. Nur eines bleibt, die Luft, die den ganzen alten body wie ein Balsam ist. Und das ist doch die Hauptsache.«

In einem Brief an seine Frau erwägt Fontane sogar, sich ein Sommerhäuschen auf Usedom zu bauen:

»Ich schwärme für einen kleinen Hausbau hier; hier in Heringsdorf selbst ist der Grund und Boden schon zu teuer, aber zwischen hier und Ahlbeck, oder in Ahlbeck selbst, das eine Viertelmeile von hier gelegen ist und jetzt sehr in Aufnahme kommt.«

Es blieb bei diesen Plänen, der Dichter Theodor Fontane wurde kein Hausbesitzer auf Usedom. Wie wohl er sich auf der Insel fühlte, kommt aber auch in einem Gedicht zum Ausdruck, das er im August 1863 in Heringsdorf zum Vinetamotiv schrieb.

Toast auf die Damen

Und konnte das Lied aus alter Zeit
einen Lieblingsort sich suchen,
es fand ihn nicht besser weit und breit
als unter Dünen und Buchen.
Von Ferne rauscht das ewige Meer,
zu Häupten rauschen die Bäume,
die Meer- und die Waldfee kommen her
und öffnen das Reich der Träume.

So schafft weithin der baltische Strand
dem Liede viel glückliche Stunden;
Doch ein allerschönstes Balladenland,
das haben wir hier gefunden;
am Strand hin schreitet die Bernsteinhex,
es klingen Vinetas Glocken,
und die Räuberkuhle Störtebecks
passieren wir leicht erschrocken.

Ein allerschönster Balladengrund
rundum, wohin ich sehe,
und doch das Beste zu dieser Stund,
das bietet die nächste Nähe.
Die Dünen, der Wald und die Wogen, die blau'n,
es sind wohl herrliche Güter,
doch dem Liede das Beste, das sind die Fraun,
zuneigungsvolle Gemüter.

Hinter der Villa Fontane sieht man die Villa Achterkerke, die sich durch schmuckvoll gestaltete Giebelelemente und seltene korinthische Kapitelle aus gebranntem Terrakotta auszeichnet. Blickfang ist der Holzschmuck des Giebels. Die Bögen sind aus filigraner Sägearbeit und darin sind, wie in einem Suchbild, Schwäne dargestellt. Die Villa zählt zu den ältesten Gebäuden von Heringsdorf. Sie wurde bereits 1845 als Gästehaus des Gutsbesitzers von Gothen erbaut und sollte als solches fein und repräsentativ wirken.

Als nächstes Haus auf der rechten Seite, abseits der Straße und an der höchsten Stelle eines lichten Grundstücks steht die Villa Hohe Buchen. Die sie auch heute noch umgebenden Bäume haben der kleinen eleganten Villa ihren Namen gegeben. Das klassizistisch anmutende Gebäude wurde vermutlich um 1870 von dem Heringsdorfer Baumeister Otto Lange errichtet.

Hier ist man zurück am höchsten Punkt von Heringsdorf und dem Ausgangspunkt unseres Spazierganges am Hotel Weißes Schloß angekommen. Heringsdorf ist hier aber noch nicht zu Ende. Westlich dieser Erhebung, die den slawischen Namen Kulm (kegelförmiger Berggipfel) trägt, befindet sich die ehemalige Siedlung Neukrug, die bei der Entstehung des Seebades Heringsdorf eingemeindet wurde.

Sehenswürdigkeiten westlich des Zentrums 21

Rechts geht es einen schmalen Bürgersteig den Berg hinab, dem Straßenverlauf folgend in einer Rechtskurve findet sich etwas von der Straße entfernt auf einem Hügel eine prächtige weiße Villa. Das klar gegliederte Gebäude mit der eingezogenen pfeilergestützten Veranda, wie sie heute hier steht, wurde von Richard Schering, einem Berliner Arzneimittelfabrikanten erbaut, dessen Namen sie heute trägt. Die Stelle, an der sich die Villa Schering befindet, ist geschichtsträchtig. Eine Lithografie aus dem Jahre 1840 zeigt das sogenannte Haus am Cliff oder auch Säulenhaus als alleinstehenden Bau oberhalb des Steilufers, der mit seiner Säulenloggia an der seeseitigen Fassade einen markanten Punkt vom Strand aus bildete. Das Schild vor dem Haus mit dem Verweis auf Bernhard von Lepel bezieht sich auf diesen Vorgängerbau. Der Gardeoffizier und Dichter war ein enger Freund Fontanes und begleitete den Lyriker oft auf seinen Reisen oder Wanderungen. Vor von Lepel wohnte Theodor Fontanes Schulfreund Wilhelm Krause in diesem Haus, den der Dichter oft besuchte. Ein weiterer Besitzer war der schon erwähnte Schriftsteller und Publizist Georg Heinrich Häring, alias Willibald Alexis, der dem Seebad mit seiner Novelle »Meeresschaumflocken« ein literarisches Denkmal setzte. Ab 1947 beherbergte das Haus die Oberschule von Heringsdorf und nach dem Bau der Maxim-Gorki-Oberschule eine Kinderkrippe. Heute besteht es aus Eigentumswohnungen.

Weiter abwärts, gleich hinter dem Fischerweg liegt die Villa Strandpark in einer Senke inmitten eines weitläufigen Parks. 1932 beschrieb sie der Chronist Erich Hartwig: *»Die Villa wird von einem großen Garten umgeben, der zu den schönsten Usedoms gehört. Hier wachsen prächtige Föhren und zahlreiche Buchen und Pappeln.«* Die Villa wurde am Ende des 19. Jahrhunderts von Alfred Levysohn erbaut. Auffällig sind die Farbigkeit des Gebäudes und das hohe Sockelgeschoss, das fast die Hälfte des Gesamtgebäudes einnimmt. Hier, im kühlen Souterrain, befanden sich die Wirtschaftsräume, zu denen die Lagerräume und die Küche gehörten. Der Höhenunterschied zur Strandpromenade wurde ursprünglich durch eine repräsentative Steintreppe mit dekorativem Balustradengeländer überwunden.

Nun folgt zunächst die Hotelanlage Coralle, eine Bausünde aus DDR-Zeiten. Das Schweizerhaus dahinter entspricht in seiner Blockbauweise den Chalets im Berner Oberland und ist ein Holzfertigteilhaus, von der Wolgaster Actiengesellschaft für Holzverarbeitung hergestellt. Über mehrere Jahre zierte das Foto dieses Hauses den Firmenkopf der AG. Das Besondere dieser Villa ist, dass hier der Begriff Schweizerhaus beim Wort genommen wurde und sich nicht auf die dekorativen Elemente am Außenbau beschränkt. Das heute unter Denkmalschutz stehende Gebäude war in der DDR-Zeit Gästehaus der Berliner Bauakademie.

Jetzt führt zwischen den Häusern ein Weg hinunter in die Maxim-Gorki-Straße. Neben einigen, nicht so gelungenen Neubauten aus den letzten Jahren des 20. Jahrhunderts sehen wir auch hier noch Häuser aus der Gründungzeit der Seebäder. Die gegenüberliegende Seite der Maxim-Gorki-Straße, die zweite Reihe zum Strand, wurde erst nach 1900 baulich erschlossen und meist mit kleineren Wohnhäusern oder Pensionen bebaut. Die Villa Irmgard wurde 1906 auf einer kleinen Anhöhe errichtet. Auffallend sind die architekturhistorisch wertvollen und für Heringsdorf einzigartigen Brüstungs- und Balkongitter mit Jugendstilornamentik aus der Erbauungszeit des Hauses. In der Villa weilte von Mai bis September 1922 der russische Dichter und Schriftsteller Maxim Gorki, der hier Linderung von einem Lungenleiden suchte. Er schrieb hier an seiner Autobiografie und lebte sehr zurückgezogen. Zu seinen wenigen Besuchern gehörten der Schriftsteller Alexei Nikolajewitsch Tolstoi und der Opernsänger Fjodor Iwanowitsch Schaljapin. Maxim Gorki schrieb in russischer Sprache in das Gästebuch des Hauses:

»(…) *und dennoch und trotz alledem werden die Menschen eines Tages wie Brüder zusammen leben.*«

Die drei Villen Haus auf dem Hügel, Villa Neptun und Im Kieferngrund befinden sich auf einem mit Lärchen und Kiefern bewachsenen Grundstück zwischen Maxim-Gorki-Straße und der Strandpromenade, das dem Stettiner Kapitän Ferdinand Frentz gehörte. Ab 1892 ließ er dort seine drei Häuser bauen.

Das Haus Im Kieferngrund, an der Promenade gelegen, ist sogar ein originales Schwedenhaus und nicht, wie viele andere hier, ein in Deutschland hergestelltes skandinavisches Imitat. Frentz hatte das Fertighaus 1892 in Stockholm gekauft und die einzelnen Bauteile auf seinem Dampfer nach Swinemünde verschifft. Es war ein Geschenk an seinen Sohn, der die kleine, zeitlos schöne Schwedenvilla an der Heringsdorfer Promenade aufstellte.

Die Villa Neptun darunter, an der Maxim-Gorki-Straße, ließ Frentz 1901 errichten und nutzte sie zunächst als Sommerhaus. Geplant war sie als Alterswohnsitz für den Kapitän, er starb jedoch schon 1911 und nach dem Ersten Weltkrieg verkaufte seine Frau das Haus. Das rote Backsteingebäude mit seinen Erkern, Loggien, Balkonen und verschiedenartigen Giebeln ist ein Beispiel für die Schlösschenarchitektur ländlicher Villen im ausgehenden 19. Jahrhundert. Wie die meisten anderen Bauten entlang der Promenade wurde das Haus ohne Funda-

Das Haus Im Kieferngrund gehört zu den drei Villen auf dem westlich gelegenen Hügel.

ment auf Strandsand errichtet, der in seiner Festigkeit eine zu anderen Fundamenten vergleichbare Stabilität aufweist. Beim Bau des Hauses ließ der Kapitän an jeder Hausecke je eine Goldmark einmauern, die Glück bringen und Haus und Familie schützen sollten.

Das Haus auf dem Hügel steht, wie der Name sagt, auf einer kleinen Anhöhe, direkt gegenüber der Villa Irmgard. Kapitän Frentz ließ es in unmittelbarem Anschluss an den Bau der Villa Neptun errichten. Hier ist der Landhauscharakter stärker ausgeprägt, es wurde im sogenannten Schweizer Stil gebaut. Dieser wurde als der Inbegriff einer Architektur angesehen, die Naturverbundenheit ausdrückt. Charakteristisch sind ein weit vorstehendes Dach mit Giebelschmuck, eine große Veranda und folkloristische Holzarbeiten. Das Haus wurde als Gästehaus errichtet und diente nach dem Tod des Kapitäns seiner Frau als Alterssicherung. Die Familie führte es bis in die Dreißigerjahre als Pension.

Die Villa Wittig auf dem nächsten Grundstück an der Promenade wurde ebenfalls von der Wolgaster Holzbaufirma errichtet, auch hier besticht die filigrane und verspielte Gestaltung der Fassade. Ursprünglich war vermutlich das ganze Dach mit Holzschindeln gedeckt, die man noch heute auf einem kleinen Erker an der Ostfassade findet.

Im Haus auf der Düne in der Maxim-Gorki-Straße 50 verbrachte der Pathologe und Physiologe Rudolf Virchow seine Ferien. Es gehörte seinem Patenkind Werner Körte, dem Direktor des damals neu erbauten Urban-Krankenhauses in Berlin und Schwiegersohn Adalbert Delbrücks.

Die natürliche Grenze zwischen den beiden Kaiserbädern bildet der Sackkanal, kurz dahinter sieht man dann auch das Ortseingangsschild des Seebades Bansin. Der Kanal wurde zwischen 1816 und 1831 vom Oberpräsidenten Johann August Sack auf Befehl des Königs Friedrich Wilhelm III. angelegt, um das Wasser des Gothensees zu regulieren und die Versumpfung des Thurbruchs zu verhindern.

Noch unter Hugo Delbrücks »Regierung« wurde an der Grenze zwischen Heringsdorf und Bansin das Boots- und Gerätehaus der Deutschen Gesellschaft zur Rettung Schiffbrüchiger (DGzRS) errichtet, eine nach modernstem Standard ausgestattete Station. 1945 nutzten Wehrmachtsangehörige das mit starken Motoren ausgerüstete Boot zur Flucht. Die Station verödete. Die Rotkreuzgesellschaft der DDR gestaltete das Gebäude zu einem Kinderferienlager um. Heute stehen Wohnhäuser an dieser Stelle.

Das Grundstück hier an der Grenze zu Bansin gehörte dem Ehepaar Thorndike, das sich in der DDR große Verdienste bei der Entwicklung des Dokumentarfilms erwarb. Am bekanntesten ist der Film »Das Russische Wunder«. Andrew Thorndike wurde 1953, 1958 und 1963 mit dem Nationalpreis der DDR ausgezeichnet. Er war von 1968 bis 1979 Präsident des Verbandes der Film- und Fernsehschaffenden der DDR. Annelie Thorndike war seit 1973 Präsidentin der Internationalen Dokumentar- und Kunstfilmwoche in Leipzig. Das Haus der Thorndikes ist jedoch nicht mehr vorhanden, an der Stelle steht ein modernes Apartmentgebäude. Im Garten befand sich das Atelier des Künstlers Klaus Rösler, der bekannt wurde durch die Gestaltung der Mahn- und Gedenkstätte für Peenemünde in Karlshagen.

Zurück auf der Promenade 22

An dieser Stelle bietet es sich an, das jüngste und kleinste der drei Kaiserbäder, das Seebad Bansin, zu erkunden. Parallel zur Strandpromenade könnte man nun in der Maxim-Gorki-Straße zurückgehen. Die Grundstücke an der linken Straßenseite waren ursprünglich großzügig bemessen, darauf standen verhältnismäßig kleine, schön anzusehende Sommerhäuser, von denen jedes seinen eigenen Charakter besaß. Diese befanden sich meist nahe der Strandpromenade. An der Südseite, zur ehemaligen Langebergstraße hin, vermittelte ein spärlicher Bewuchs von Kiefern und Gras – Rasen wäre wohl zu viel gesagt – den Eindruck von Ruhe und Natürlichkeit. Leider ist dieser Charakter in den vergangenen Jahren völlig zerstört worden, der freie Platz zwischen der Altbebauung wurde mit architektonisch einheitlichen, unschön zweckmäßigen Ferienwohnblöcken bebaut.

Nun geht es an der Wasserkante zurück bis zum Fischerstrand, wo man sich mit einem leckeren Fischbrötchen oder einem frischen Räucherfisch stärken kann. Obwohl es ein traditioneller und typischer Beruf ist, spielte die Küstenfischerei in der DDR eine eher untergeordnete Rolle. Trotz der vom Staat subventionierten Genossenschaften blieb diese Form des Broterwerbs ein Gewerbe, das sich fast ausschließlich innerhalb der Familien fortsetzte. Wenn der Sohn fehlte oder einen anderen Beruf wählte, bedeutete das in der Regel den Verlust einer weiteren Fischerfamilie. Vom Tourismus konnten die Fischer offiziell überhaupt nicht profitieren. Die Ostseeküste war Staatsgrenze der DDR und wurde ab 1961 als solche bewacht. Die Fischer durften in ihren Booten nicht einmal Freunde oder Familienangehörige mitnehmen, schon gar keine Urlauber. Die Organisation in

Aufgang zum Fischerstrand

Der Heringsdorfer Kunstpavillon, ein Bau des Ingenieurs Ulrich Müther, fügt sich in den Park ein.

der Genossenschaft brachte es mit sich, dass die Fischer ihren Fang abliefern mussten, er wurde nach festgelegten Preisen bezahlt, im Gegenzug wurden sie beim Kauf von Arbeitsmitteln wie Netzen, Angeln, auch Booten unterstützt. Eigentlich sollten die Fischer nur den »Eigenbedarf« behalten, der für recht gute Nebeneinnahmen in »harter Währung« sorgte.

Die Strandpromenade der Kaiserbäder ist durchgehend und nur bei größter Aufmerksamkeit ist die genaue Grenze zwischen den einzelnen Orten zu erkennen. Trotzdem hat jede Promenade ihren eigenen Charakter, in Bansin und im westlichen Teil von Heringsdorf ist sie etwas höher angelegt, sodass man immer über die Dünen hinweg zum Strand sehen kann.

Die Heringsdorfer Strandpromenade ist nicht nur länger, sondern auch breiter und prächtiger als in Ahlbeck und Bansin. Hier am Fischerstrand beginnt ihr wohl schönster Teil. Neben dem gepflasterten Gehweg und einem Radweg gibt es hier einen schmalen Sandweg zwischen Kiefern, Birken und Dünen. Auf der rechten Seite befindet sich die naturbelassene Ostseite des Kulm, ein steiler Abhang mit einigen wenigen Fußwegen zwischen den Bäumen hinauf zu den Häusern, von denen aus man einen fantastischen Blick auf das Meer haben muss.

Bevor man in den Rosengarten unterhalb des Hotels Kaiserhof gelangt, trifft man auf den 1973 erbauten Kunstpavillon. Der gläserne Rundbau, der besonders durch seine eigenartige Dachkonstruktion auffällt, bietet den zahlreichen Bildenden Künstlern der Insel Usedom die Möglichkeit, ihre Leistungen zu präsentieren. Diese Galerie der Modernen Kunst ist ein Müther-Bau und setzt, aufbauend auf dem künstlerischen Erbe der Insel, Maßstäbe mit einer im Dreiwochenrhythmus wechselnden Ausstellung. Jährlich findet hier am ersten August-Wochenende die inzwischen deutschlandweit bekannte Usedomer Kunstauktion statt.

Der Rügener Bauingenieur Ulrich Müther zählt zu den bedeutenden Repräsentanten der Architektonischen Moderne. Insgesamt 74 dieser Schalenbauwerke, darunter der Teepott in Warnemünde, die Sassnitzer Kurmuschel und das Zeiss-Großplanetarium in Berlin, entwarf und baute Müther zwischen 1964 und 1992.

Durch gepflegte Anlagen, die mit Lavendel und verschiedenen, namentlich bezeichneten Rosensorten bepflanzt sind, kommt man dann wieder in das Zentrum von Heringsdorf zurück.

Eine Besonderheit sind die Bäume an der Promenade vor der Konzertmuschel. Es handelt sich hierbei um Robinien, auch Scheinakazien genannt. Die Pflanzung dieser ungewöhnlichen Bäume stammt aus der Ära Delbrück und gehört damit zum kulturellen Erbe der Kaiserbäder. Dr. Hugo Delbrück hatte, seiner Zeit weit voraus, ein Baumkonzept zur Begrünung und Bepflanzung des Seebades erstellt.

24

Ein Spaziergang durch das Seebad Bansin

Bansin ist das jüngste und das kleinste der drei Kaiserbäder und, wie viele meinen, auch das schönste. Es ist nicht aus einem Fischerdorf entstanden, sondern wurde direkt und planmäßig als Kur- und Erholungsort erbaut – durchaus ein Vorteil anderen Seebädern gegenüber! Hier findet man keine engen Gassen, keine kleinen, rohrgedeckten Häuser, alle Straßen und alle Häuser sind nur zu einem Zweck entstanden: Badegäste zu empfangen und ihnen jede Möglichkeit zu bieten, hier ihr Geld auszugeben. Deshalb hat Bansin von den drei Kaiserbädern das vom Baustil her einheitlichste Aussehen und, zumindest von der Anlage seines Straßensystems her, die sinnvollste Verkehrsführung.

Zu Beginn des 20. Jahrhunderts schrieb August Herrmann in der Monografie »Mein Paradies BANSIN«:

»Nicht um die Welt hätte ich, der ich mich aus dem Lärm der Großstadt wenigstens zeitweise flüchten wollte, ein Ahlbeck, ein Swinemünde oder gar ein Heringsdorf, diese Sommervorstädte Berlins zum Aufenthalte erwählt, so schön sie an sich auch ganz sicher sind und so viel sie den Kurgästen auch bieten. Bieten? Ja, das ist es eben, daß ich das ›Bieten‹ nicht mag. Ein Ort nach meinem Sinne sollte nichts bieten als sich selber, nichts als die eigene Schönheit. (...)

Bansin! Herrlich! Wundervoll lag es da. ›Wie eine Braut, der Wald und Meer die heißen Liebeslieder rauschen‹ singt Hesse von Brühl und wahrhaftig, ich fand alles, alles wie ich es ersehnt, erträumt und im Geiste gesehn, gewünscht und gefühlt hatte. (...) Fand das herrliche Meer, (...) fand den dunklen Tann, wie ihn der Schwarzwald nicht herrlicher bietet, fand die Buchen und Birken und Erlen, die ein Stück Thüringer Waldes in den Tannenwald woben, fand die Seen Ostpreußens in den Krebsseen, dem Schloonsee und Schmollensee. (...) Ich war berauscht, begeistert. Hier einte sich wirklich alles, was ich nur wünschen konnte, hier war das Paradies (...) und ich freute mich des schönen aus etwa 120 Häusern bestehenden, stets wachsenden Ortes, der sich in einer Länge von über 2000 Metern dicht an der Ostsee so wie ein weißes Märchen aus dem dunklen Walde dahinzieht, der – eine Seltenheit bei den nördlichen Kurorten – fast bis an den Strand hinabreicht. (...)

Die Umgebung, die so kostbar schöne Umgebung tut das ihre ganz wesentlich dazu. Und die Luft! Diese prachtvolle, salzgeschwängerte Seeluft, bei der die Lungen sich weiten, um dieses, ihr Labsal in vollen Zügen in sich aufzunehmen. Wer aber nun befürchtet, daß ihm ›der Hauch der See‹ zu scharf ist, der findet in meinem Paradies Bansin das, was er in keinem anderen Badeort der Nordriviera mehr findet, den schützenden, bergenden Wald, der fast bis zum Strande hinabreicht. Und was für ein Wald! Wohl der schönste, den man sich denken kann, mit einem Prachtbaumbestand, in dem wir nicht nur unsere heimischen Waldbäume, sondern auch die amerikanischen Nussbäume und die köstlichen Douglas- und Sikkofichten finden. Die rote Blutbuche aber webt in all das herrliche Grün ihre dunklen Blutschatten hinein. (...)

Alle die schönen Punkte, die man leicht und bequem (...) erreichen kann, kann und will ich nicht aufzählen. Das gäbe ein dickleibiges Buch und würde trotzdem noch lückenhaft bleiben. Mit eine der schönsten Partien ist der Lange Berg mit

Ein Strandboot wird kalfatert.

Bansiner Fischer mit kapitalem Hecht

seinem an Dänemarks Wälder erinnernden herrlichen Buchenbestand und dem großartigen Fernblick auf die See, Misdroy, die Greifswalder Oie, Heringsdorf, Ahlbeck und Swinemünde.«

Am Fuße des Langen Berges, dort wo die Steilküste und der Buchenwald enden und die Strandpromenade, die von hier aus zwölf Kilometer weit, durch Bansin, Heringsdorf, Ahlbeck über die deutsch-polnische Grenze bis in den Swinemünder Hafen führt, beginnt der Spaziergang.

Hier begann auch die Geschichte des Seebades Bansin. Benannt ist es nach dem Dorf Bansin, ehemals Banzino, das seit über 750 Jahren in einer Senke am Gothensee liegt, etwa zwei Kilometer südlich von hier. Das Land zwischen ihrem Dorf und der Ostsee nannten die Bansiner die Schloon, ebenso wie den See, der sie nach Heringsdorf abgrenzte und den sie als Viehtränke nutzten. Auf den kümmerlichen Wiesen weideten Schafe und Kühe, auf dem kargen Ackerboden bauten sie Kartoffeln, Roggen und Lupinen an. Weite Flächen waren nur mit Krüppelkiefern, Heidekraut und Wacholdersträuchern bewachsen. Vom Dorf führte ein ausgefahrener Weg über den Koppelberg dorthin, im Sommer hatten die Pferde Mühe, durch den Sand zu kommen, im Winter blieben sie oft im Schnee stecken.

Kein vernünftiger Mensch, so meinten die Bauern und Fischer, baute sich ein Wohnhaus hier, so dicht am Meer. Aber da sie eben nicht nur von der Landwirtschaft, sondern auch vom Fischfang lebten, hatten sie ihre Arbeitsstätten – kleine rohrgedeckte Hütten – direkt in den Dünen. Morgens kamen sie aus ihren Dörfern – Alt Sallenthin, Neu Sallenthin, Dorf Bansin oder Sellin – durch den Wald zum Strand, nachmittags gingen sie zurück. Die Fischerbuden standen damals noch in den Dünen verstreut, bis zum Ende der westlichen Promenade, unterhalb der Villa Fortuna. 1936 mussten sie weichen, weil sich die Hausbesitzer beschwert hatten, das Milieu würde sich angeblich schädigend auf die Zimmervermietung auswirken. Die Gemeinde errichtete dann unmittelbar hinter dem Strandzugang an der Seebrücke eine lange Baracke, in der alle Fischer einen Arbeits- und Geräteraum erhielten.

Zu den Badegästen hatten die Fischer ein gespaltenes Verhältnis, das Hans Werner Richter in seinem Buch »Deutschland, deine Pommern« mit dem Untertitel »Wahrheiten, Lügen und schlitzohriges Gerede« charakterisiert, indem er sich auf einen Ausspruch bezieht, der pommerschem Kindermund zugeschrieben wird: *»Du büst so dumm wie ein Badegast!«* Neben anderen Beispielen für die Dummheit der Badegäste führt er auch folgenden Dialog an:

»Fragte ein Badegast, sagen wir, es war ein pensionierter Major, von denen es viele unter den Gästen gab, nach einer dunklen Wolkenzusammenballung über dem Meer, so konnte sich folgender Dialog entwickeln.

›Verzeihen Sie, ist das eine Windhose dort?‹

›Jawoll, eine Windhos, Herr Major.‹

›Kommt die auf uns zu?‹

›Nein, dei sägelt von uns wech.‹

›Wohin geht sie denn?‹

›Dei sägelt up Grönland tau, Herr Major.‹

›Auf Grönland zu? Das ist doch ganz woanders?‹

›Dat weit ick woll, Herr Major, aber diese da, die segelt auf Grönland zu.‹

Nun war das natürlich keine Windhose, sondern nur eine dunkle, etwas sonderbar geformte Wolke, aber kaum hat der Major, der Badegast, sich verabschiedet, sagt der so Befragte: ›Dei mit sin Windhos. Dorbi wet hei nich eenmol, wo Grönland licht.‹

Windhosen gibt es an der pommerschen Küste kaum, und so kommt das Wort ›Windhose‹ in der Sprache der Küstenbewohner auch nicht vor. Zieht ein Unwetter herauf, so sagt man: ›Dor treckt wat up‹, oder ›Minsch, dat givt einen stiefen Nurnurwest‹, oder ›Hoal dat Boot rin. Hei fingt an tau weigen.‹

Das Wort ›Wind‹ wird nicht ausgesprochen. Man sagt ›er‹. ›Er fängt an zu wehen.‹ Das Meer aber ist feminin. ›Sei süht hüt so greun ut.‹ Sie sieht heute so grün aus, sie, die See, das Meer.

Netzetrocknen am Strand

Fischerkähne vor Bansin

Überhaupt ist die Ostsee für alle so etwas wie ein Partner, den man kennen und mit dem man sich gut stellen muß. Das aber können die Badegäste nicht. Sie haben von nichts eine Ahnung. Ein Badegast geht ins Wasser, schwimmt hinaus und ertrinkt. Ertrinkt er nicht, so ist das ausschließlich dem Wohlwollen der Ostsee zuzuschreiben. Immer wundert man sich, daß nicht alle ertrinken, und dafür gibt es nur eine Erklärung. ›Dei spuckt ook alles werra ut.‹

Das heißt, die Ostsee spuckt alles wieder aus, selbst die Badegäste. Auch sie will die Badegäste nicht haben, was einerseits für die Ostsee, andererseits gegen die Badegäste spricht. Ein Gast kann zwar meistens schwimmen, aber er hat keine Ahnung von Wind, Wetter, Strömungen, Strudel, also vom Sog des Wassers, das oft oben landeinwärts, unten aber seewärts läuft. So ertrinken immer einige, manchmal in einem Ort ein Dutzend während einer Saison, manchmal auch weniger. Die Fischer, die nicht schwimmen konnten, und die Bademeister, die ebenfalls nicht schwimmen konnten, ertranken nie. Solange ich an der pommerschen Küste ununterbrochen gelebt habe, von meiner Geburt bis zu meinem achtzehnten Lebensjahr, ist niemals ein Einheimischer ertrunken. Hätte man sie danach gefragt, so wäre die Antwort vielleicht gewesen: ›Versupen, ne dat daun wi nich. Dat daun bloß dei Gäst.‹

Badegäste werden im allgemeinen höflich, aber rau behandelt. Höflich werden sie behandelt, weil sie Geld an die Küste bringen, rau werden sie behandelt, weil sie sonst zu nichts nütze sind.«

Nach dem Zweiten Weltkrieg gab es in Bansin ca. 70 Fischer, während der DDR-Zeit 30 bis 40, heute sind es noch drei, die hauptberuflich fischen. Die meisten der Holzhütten westlich der Bansiner Seebrücke stehen leer oder werden anderweitig genutzt. Dort haben die engagierten Bansiner Bürger Harald Heinz, Manfred Gürtler und Dieter Köppen eine Tafel angebracht, die dem traditionellen Handwerk und besonders den Bansiner Fischern ein Denkmal setzt.

1 Der Lange Berg
2 Die westliche Promenade
3 Der Seesteg
4 Die Promenadenmitte
5 Die Kurmuschel
6 Vom Haus Meeresstrand zum Beachhotel Kaiserstrand
7 Die östliche Promenade
8 In der zweiten Reihe
9 Im Zentrum Bansins
10 Auf der Seestraße in Richtung Süden
11 In Richtung Kirche
12 Zurück nach Norden – die Waldstraße
13 Zurück in Richtung Ortszentrum
14 Zurück in der oberen Bergstraße
15 Zurück am Langen Berg
266
Platter Berg 54 m
Schäferberg 41 m
Adlerhorst
Ahlbecker Chaussee
Friedhofsweg
Friedhofsweg
Friedhofsweg
L 266
Ahlbecker Chaussee
Seestraße
Bansin Seebad
Dorf Bansin
Sanddornweg
Kastanienring
Birkenweg
Eichenweg
Dorf Bansin
Kastanienring
Großer Krebssee
K 39
Gothenweg
An den Krebsseen
K 38
Dorf Bansin
Dorf Bansin
Gothensee

1
2
3
4
5
6
7
8
9
10
11
12
13
14
Seebrücke Bansin
Seebrücke Bansin
Seebrücke Bansin
Strandpromenade
Bergstraße
Buchenpark
Am Buchenpark
Fischerweg
Waldstraße
Seestraße
Goethestraße
Schillerstraße
Kirchstraße
Schulstraße
Badstraße
Bansin
Seepark
REWE
Schloonsee
Am Schloonsee
Heringsdorf
Maxim-Gorki-Straße
Gartenstraße
Im Mühlenkamp
Triftstraße
Dünenweg
Sackkanal
Am Spargelberg
L 266
KGV "Am Gothensee"

Der Lange Berg 1

Einige Heringsdorfer Urlauber, die schon im 19. Jahrhundert ihre Ruhe haben wollten, spazierten in westlicher Richtung, vorbei an Dünen, Wiesen und Dornengestrüpp bis in den lichten Buchenwald an der Steilküste. Dort oben, auf dem 54 Meter hohen Langen Berg hatte die Heringsdorfer Aktiengesellschaft bereits 1878 einen hölzernen Aussichtsturm errichten lassen und es gab sogar ein Ausflugslokal, das die verwitwete Friederike Budzin aus Dorf Bansin mit ihrem Bruder bewirtschaftete. In den ersten Jahren trugen sie das Wasser in Kannen den Berg hinauf und bereiteten den Kaffee mithilfe eines Petroleumkochers zu. Heute steht dort oben das Hotel Forsthaus Langenberg. Außerdem gab es unterhalb der Steilküste einen kleinen Anlegesteg, ebenfalls von der Heringsdorfer Aktiengesellschaft erbaut, für die Gäste, die eine Bootsfahrt der Wanderung vorzogen.

Und natürlich verlockte der schneeweiße, steinfreie und vor allem ruhige Sandstrand zum zwanglosen Baden in der Ostsee. Die Fischer konnten diesen Wunsch nicht nachvollziehen, sie selbst badeten niemals im Meer. Da sich die pommerschen Bauern und Fischer nicht gerade aufgeschlossen zeigten, versuchten der Sommerhausbesitzer Emil Wichmann und der in Alt-Sallenthin lebende Schriftsteller Ernst Necker zunächst vergeblich, die Bansiner für die Errichtung von Seebadeanstalten zu begeistern. Immerhin gewannen sie den Gastwirt, den Dorfschullehrer und noch einige andere für diese Idee. Als sie das Ganze nun in die Tat umsetzen wollten, erlebten sie eine herbe Überraschung, denn die Bansiner Bauern hatten 1895 das ganze Land zwischen Wald und Heringsdorfer Grenze an die Aktiengesellschaft unter Leitung von Hugo Delbrück für 3000 Taler verkauft. Als Wichmann und Necker dann erfuhren, dass die Delbrücks bereits fertige Pläne für den Bau von Badeeinrichtungen an diesem Strandabschnitt in der Schublade hatten,

Gasthaus auf dem Langen Berg, 1950er-Jahre

Blick auf den Langen Berg vom Strand aus

musste es schnell gehen. Die eilig beantragte und von der zuständigen Hafenbauinspektion Swinemünde gewährte Genehmigung zur Errichtung der Bauten wurde sofort umgesetzt. Unter Leitung des Ahlbecker Zimmermeisters Grünberg wurden umgehend zwei allerdings relativ kleine Badehäuser mit jeweils sechs Zellen am Strand erbaut.

Zu dieser Zeit verkehrte der Kaiser noch in Heringsdorf, dementsprechend vornehm waren die ersten Besucher der Bansiner Badeeinrichtungen im Sommer 1896. Viel wichtiger war für die Gründergemeinschaft um Emil Wichmann und Ernst Necker jedoch die Anzahl der Gäste, die den Ort nun aufsuchten. Der große Zuspruch führte zu dem Entschluss, nun auch Hotels und Pensionen an dieser Stelle hinter dem Dünengelände zu bauen. Die Heringsdorfer Aktiengesellschaft erkannte ihre Chance und verkaufte das Land mit großem Gewinn an meistbietende Interessenten. Bereits ein Jahr nach dem Kauf brachten ihnen zwei Parzellen mehr ein, als sie für das ganze Land gezahlt hatten. Noch im selben Jahr setzte die Bansiner Gründergemeinschaft ihren Entschluss in die Tat um: Im Herbst 1896 begann der Bau von Hotels zwischen Kiefern und Sträuchern an dem Dünenweg zur Steilküste. Diese Villenkette an der Strandpromenade, die noch beinahe lückenlos aus der Gründungszeit des Seebades erhalten ist, sieht man am besten, wenn man auf den Seesteg hinter dem Fischerstrand geht.

Die westliche Promenade 2

Westlich, am Ende der Steilküste steht das Strandhotel der Travel-Charme-Gruppe. Es ist der einzige größere Neubau, der zu DDR-Zeiten in Bansin errichtet wurde. Während der FDGB sich darauf beschränken musste, die alten Häuser notdürftig instand zu halten und viele ehemalige Pensionen als Wohnungen für Einwohner genutzt wurden, baute das Ministerium für Staatssicherheit hier in den 1980er-Jahren ein modernes Erholungsheim für seine Mitarbeiter und Gäste.

Bis dahin war die Villa Langenberg das letzte Haus an der westlichen Promenade gewesen. Ursprünglich gehörte sie dem Berliner C. Lustig. Dass das letzte Haus an der östlichen Strandpromenade in Bansin die Villa des Berliner Verlagsbuchhändlers Ernst war, veranlasste in den 1920er-Jahren zu dem Ausspruch: »In Bansin fängt es lustig an und hört ernst auf.« Bereits unter dem Namen Haus Wiese wurde es wie einige andere Häuser in der Bergstraße 1945 als Notlazarett genutzt, wo verletzte Wehrmachtsangehörige und Zivilpersonen Hilfe fanden. Bis 1989 war es dann, ebenso wie das benachbarte Strandhotel, ein sogenanntes Sonderheim und unter dem Namen Maria Carla das Sommerdomizil des Ministerrates der DDR. Heute gehört es zum Hotel Admiral, ebenso wie das ehemalige Betriebsferienheim Rolandseck.

Auch die Häuser links daneben wurden von »Sonderbedarfsträgern« genutzt: Das Haus Teltow war ein Erholungsobjekt des Rates des Bezirkes Potsdam und das Haus am Berg, heute Haus an der Seebrücke, ein Ferienheim der Nationalen Volksarmee der DDR. In Letzterem verbrachte der Maler Erich Jaeckel die Sommermonate seiner Kindheit. Seine Mutter verwaltete die Pension Bansin, damals ein Offiziersheim der Kaiserlichen Armee. Der am 5. April 1901 geborene Berliner entwickelte seine künstleri-

Luftbild von Bansin, um 1920

Blick nach Westen auf der Promenade

schen Fähigkeiten in den 1920er-Jahren als Autodidakt, dem Besuch einer Kunsthochschule standen finanzielle Schwierigkeiten im Wege. Inspiriert wurde er von den landschaftlichen Schönheiten Bansins: dem Meer, dem Dünengelände und nicht zuletzt der Arbeit der Fischer direkt vor dem Haus. Die Bansiner Kurverwaltung ließ seine ersten Werke in Postkartenform verkaufen, seine Aquarelle und Ölbilder fanden in Ausstellungen zunehmend Beachtung. Seinen künstlerischen Durchbruch hatte Erich Jaeckel, als er seine Arbeiten Anfang der 1930er-Jahre auf einer großen deutschen Kunstausstellung präsentierte. Dennoch blieb er immer bodenständig. Die Spielgefährten seiner Kindheit, Fischer- und Handwerkerkinder, waren auch später seine besten Freunde. So mancher Fischer hat ihm Modell gestanden, oft fuhr er selbst zum Angelsetzen oder Netzeheben mit hinaus. Erich Jaeckel starb im Alter von 46 Jahren am 16. Mai 1947. Bansin hat ihm kein Denkmal gesetzt, sein Grab auf dem Bansiner Friedhof ist kaum noch zu erkennen. Auch viele seiner Werke sind vor allem im Zuge der Aktion Rose in den 1950er-Jahren verschwunden, einige kann man aber noch in Ferienheimen, öffentlichen Gebäuden oder in Privathaushalten in Bansin finden.

Das Seeschloss an der anderen Seite des Fischerweges ist ein Neubau der Seetel-Gruppe, der in Größe und Stil gut an die umliegenden alten Villen angepasst wurde. Auf der Terrasse seines Vorgängerbaus sonnte sich in den 1930er-Jahren Robert Ley, seines Zeichens Reichsorganisationsleiter. Ein paar Jahre später, als bereits aus allen Fenstern weiße Fahnen hingen und die sowjetischen Truppen nur noch acht Kilometer entfernt standen, verkündete ein General der Deutschen Wehrmacht in diesem Hotel »die totale Verteidigung Bansins«. Er erkannte jedoch gerade noch rechtzei-

Die Ostseeresidenz Seeschloss Bansin ist ein Neubau

tig den Irrsinn seiner Forderung und floh in einem Fieseler-Storch von der Promenade aus in den Westen. In der DDR war das Seeschloss eines der großen FDGB-Ferienheime des Ortes.

Das Dünenschloss wurde im Besitz des FDGB, der es als Bettenhaus für das Seeschloss und auch als Mitarbeiterunterkunft nutzte, nicht ganz glücklich restauriert, da konnten auch die Balkone, die in den 1990er-Jahren hinzugefügt wurden, nicht viel retten.

Das Restaurant Blauer Stein im Haus wird von einem einheimischen Fischer betrieben, der dort auch seinen eigenen Fang zubereiten lässt. Der Name bezieht sich, abgesehen von der Farbe, auf das Bansiner Wappen: ein Falke auf einem großen, im Wasser grün schimmernden Stein, der unterhalb des Langen Berges noch immer in der Ostsee liegt.

Als die drei Kaiserbäder am 1. Januar 2005 offiziell zusammengeschlossen wurden und man über ein neues, gemeinsames Wappen nachdachte, hatte ein Bansiner Ratsmitglied eine sehr schöne Idee. Er schlug vor, die drei Wappen in einem Bild zu vereinbaren: der Bansiner Falke sollte in seinem Schnabel den Heringsdorfer Hering und in seinen Krallen den Ahlbecker Aal halten – oder umgekehrt. Die Nachbarorte fanden den ohnehin nicht ganz ernst gemeinten Vorschlag allerdings nicht akzeptabel. Nun zeigt das Wappen der Gemeinde Ostseebad Heringsdorf eine goldene Krone über drei weißen Wellen auf blauem Hintergrund.

Ehemaliges Wappen Bansins mit grünem Stein

Der Seesteg 3

Im Gegensatz zu Heringsdorf und Ahlbeck handelt es sich hier nicht um eine Seebrücke, sondern nur um einen Steg, denn es gibt keinerlei Aufbauten. Der Ursprung war der Landungssteg der Heringsdorfer Aktiengesellschaft, den sie, als Bansin sich zum Seebad entwickelte, verlängern ließ und durch eine Anlegeplattform für Motorboote ergänzte. Der neue Brückenteil war stabiler und breiter als der alte. Die Seiten zierten nun je zwei große Stahlbögen. In der Saison verkehrten regelmäßig Motorboote zwischen Bansin und den anderen Usedomer Seebädern. In Heringsdorf und Swinemünde bestanden direkte Anschlüsse an die großen Passagierdampfer. 1913 kaufte Bansin den Heringsdorfern den Anlegesteg ab, erneuerte den alten Brückenteil und verstärkte ihn durch gebündelte Pfähle. Die Stahlbögen wurden leuchtend weiß gestrichen. Das große Sturmhochwasser 1913/14 überstand das Bauwerk beinahe unbeschadet, nur der Treppenaufgang ging verloren. Während des Zweiten Weltkrieges wurde dann auch dieser Seesteg zerstört, wie in den benachbarten Seebädern nicht durch Kampfhandlungen, sondern durch Sturm und Eis. Bis in die 1960er-Jahre waren die Reste noch zu erkennen, aufgebaut wurde er zu DDR-Zeiten nicht, es gab keine Küstenschifffahrt hier an der Außengrenze. Aber schon Anfang der 1990er-Jahre bekam auch Bansin wieder einen 285 Meter langen Spazierweg über dem Wasser. Vom Brückenkopf, an dem die Schiffe anlegen, hat man einen freien Blick auf die einmalige Bäderarchitektur des Seebades.

Der Anlegesteg Bansins

Der Bansiner Seesteg, heute

Die Promenadenmitte 4

Die Bansiner Strandpromenade hat den großen Vorteil, dass man von ihr aus immer auf die Ostsee blicken kann, was in Heringsdorf und Ahlbeck nicht möglich ist. Die nun folgenden Häuser – Meereswoge, Villa Dora, Strandhotel Möwe und Villa Fortuna – stammen noch aus der Gründungszeit des Seebades. Sie wurden vor mehr als hundert Jahren als Pensionen erbaut und stehen auch heute wieder – saniert und modernisiert – den Bansiner Gästen zur Verfügung. Seit den 1950er-Jahren wurden sie auch als Wohnhäuser von Einheimischen genutzt. Diese klagten oft über wenig Komfort in den hohen, schwer beheizbaren und oft zugigen Räumen, wussten aber die Aussicht auf das Meer und die Nähe zum Strand durchaus zu schätzen. Besonders den Fischern, von denen viele hier mit Blick auf ihre Arbeitsstätte lebten, fiel es nicht leicht, die »erste Reihe« zu verlassen.

Der Bansiner Hof im typischen DDR-Stil – mehr zweckmäßig als schön – fällt hier etwas aus der Reihe. Der Vorgängerbau entsprach mit Türmchen, Bogenfenstern und Balkonen der typischen Bäderarchitektur und trug den Namen Prinz Heinrich. Die Bezeichnung wurde schon in den 1930er-Jahren geändert, als er ein Ferienheim der Ortskrankenkasse Chemnitz war.

Das Haus daneben hieß im ganz jungen Bansin und auch heute wieder Kaiser Wilhelm, lange Zeit dazwischen wurde es Seeblick genannt. Im Juli 1924 stieg Thomas Mann hier nach einem längeren Aufenthalt auf Hiddensee mit seiner Familie ab. So richtig gefallen hat es ihm hier vermutlich nicht, denn er verbrachte die restliche Zeit seiner Sommerfrische in Ahlbeck.

Germania dagegen hat seinen Namen immer behalten, die Villa wurde im Jahre 1908 erbaut. Dem folgt ein Grundstück, auf dem ein weiterer Hotelbau der Seetel-Gruppe geplant ist. Auf diesem als Parkplatz und an der Promenadenseite von einem Imbissstand genutzten Gelände stand ab 1896 eines der ersten und schönsten Hotels in Bansin, das Strandhaus. Bauherr war der erwähnte Alt-Sallenthiner Schriftsteller und Gemeindevorsteher Ernst Necker. Er hatte die 1800 Quadratmeter Bauland von der Heringsdorfer Aktiengesellschaft für 4200 Reichsmark erworben. 1906 ließ er das Haus durch den Anbau eines 250 Quadratmeter großen Speisesaals mit Veranda vergrößern.

Im Jahre 1938 kaufte Gustav Wiese, der gemeinsam mit seinem Bruder bereits das Meeresstrand besaß, das Hotel, ließ weitere An- und Umbauten wie ein Café und eine Terrasse durchführen und betrieb es unter dem Namen Strandhotel Wiese. In den 1950er-Jahren war das Haus gegenüber dem Musikpavillon das Genesungsheim Fortschritt und wurde dann als FDGB-Erholungsheim nach dem deutschen Gewerkschafter und FDGB-Funktionär Josef Orlopp benannt. 1988 musste es leider abgerissen werden, zu einem Neubau kam es bis heute nicht. Wenn man sich die Häuser ansieht, die in dieser Zeit entstanden, wie das Strandhotel in Bansin oder das Kurhaus in Heringsdorf, kann man aber fast dankbar sein, dass die DDR es nicht geschafft hat, an der Stelle etwas zu errichten.

Als gelungen kann der Neubau der Reederei Paulsen an der Ecke zur Seestraße gelten. Das strahlend-weiße Gebäude mit Ferienwohnungen passt in Stil und Größe hierher und ist eine Bereicherung für Bansin. Nicht nur die hiesigen Fischer sind geteilter Meinung über den Nordseefisch an der Ostsee, den die Fischrestaurantkette Gosch, die das ganze Erdgeschoss einnimmt, anbietet. Aber zu einem Seebad gehört auch in Bezug auf Fisch Vielfalt, sowie auch griechische, italienische und chinesische Restaurants. An der Stelle, wo heute Krabbenbrötchen oder Austern gegessen werden, standen am Ende des 19. Jahrhunderts eine hölzerne Restauranthalle und ein Ladengebäude mit Lebensmittelgeschäft.

Blick auf die Häuserzeile entlang der Promenade

Das Strandhotel Wiese, nach 1938

Betreiber war der Berliner Geschäftsmann Borchardt. Als dieser sich im Winter 1899 in Berlin aufhielt, wurden aus seinem Weinlager diverse Flaschen guten Rebensaftes entwendet. Das war der erste Einbruchsdiebstahl, den das Seebad Bansin verzeichnete. Ein Jahr später geriet das Borchardt'sche Anwesen in Konkurs und die Gebäude wurden abgerissen. 1903 entstand hier die Villa Aegir, die gegen den Willen der Gemeindevertretung und trotz des Protestes der Historischen Gesellschaft 2014 abgerissen wurde, ebenso wie die hübsche kleinere Villa Emma, die sich auf diesem Grundstück unterhalb des Aegir an der Bergstraße befand. Diese wurde bereits im Jahre 1900 an der Ecke zur oberen Bergstraße für den Schuhmacher Pritz gebaut. Später gehörte es einem Paul Rosenthal, der einen Lebensmittelhandel im Haus betrieb. Viele Bansiner erinnern sich noch an ein Bansiner Original, Ingeborg Thäter, die in dem Geschäft ein Fotoatelier führte. Dieser Laden war förmlich atemberaubend – nicht nur durch schöne alte Fotos, sondern vor allem durch den beißenden Geruch, den die vielen Katzen verursachten, die sie dort beherbergte. Später war es die Bansiner Volksbuchhandlung und dann bis zum Abriss des Hauses die Buchhandlung der Familie Runne.

Die Kurmuschel 5

Der Bansiner Musikpavillon steht linkerhand der Strandpromenade mit der Rückseite in den Dünen. Diese schöne Anlage mit Konzertplatz eröffnete am Pfingstsonntag 1932 mit einem Konzert der für diese Saison engagierten Kurkapelle. Der denkmalgeschützte Pavillon wurde nach dem Fall der Mauer entkernt und nach historischem Vorbild wieder aufgebaut. Die geschlossenen Wagen mit den großen hölzernen Rädern, die an beiden Seiten des Pavillons stehen, dienen heute den Künstlern als Umkleidekabinen. Sie sind natürlich nur nachgebaut, aber so sahen die Badekarren aus, vor die ein Pferd gespannt wurde, um die ersten Gäste in die Ostsee zu bringen. Nach einer zeitgenössischen Schilderung lief das folgendermaßen ab:

»Es sind diese nämlich eine Reihe von Karren, die längst am Ufer des Meeres dahinstehen. Jeder dieser Karren besteht aus einem kleinen niedlichen Stübchen mit Stühlen, Stiefelknecht und allen Bequemlichkeiten, das auf zwei Rädern stehet und auf der Seeseite ganz offen ist. Hat sich nun der zu Badende in die kleine Wohnung einlogiert, so wird sie einige Schritte in das Meer hineingeschoben, und er kann sich nun auf einer vorn angebrachten Leiter ohne alle Gefahren so tief in die See herablassen, als er Lust hat. Mancherorts schleppten am Strand Badeknechte die oftmals schwergewichtigen Wohlstandsbürger auf dem Rücken bis an die Treppe der im Wasser stehenden Karren. Nach genommenen Bade zeigten die Badenden ihr Verlangen nach Rückbeförderung durch ein Glockenzeichen an.«

Als die Anzahl der Badegäste stieg, war diese Art des Badens schon deshalb nicht mehr möglich, weil es nicht genügend Pferde gab. In den Siebzigerjahren des 19. Jahrhunderts eroberten die Badeanstalten die Strände.

»Die hölzernen Badezellen stehen auf Rosten hart am Meer. Von ihren nach der See gerichteten Türen führt ein Bretterkorridor bis zu dem für Badende angenehmen Wasserstand. Man entkleidet sich und steigt, wenn auch am Körper frierend, jedenfalls aber, nachdem die Lungen ruhig geworden und der Puls normal ist, ins Meer hinab. Auf dem Wege des etwa 20 Schritte langen Steges hülle man sich in einen wollenen Bademantel oder in ein leinenes Tuch, damit der Körper, namentlich bei rauer Witterung, keine Eigenwärme verliere. Der Badediener oder Badedienerin behält an der zur See hinabführenden Treppe den Mantel oder das Tuch zurück. Im Meer sorgen ausgespannte Taue für die Sicherheit zaghafter Badegäste, die, sich daran festhaltend, dem Andrang der Wogen trotzen können.«

Die Kurmuschel mit rotem Banner

In Bansin beschloss die neue Gemeindevertretung 1902 die Einführung einer Kurtaxe. Die beiden Badeanstalten gehörten jedoch immer noch der Genossenschaft, die einen zu hohen Preis für den Verkauf forderte. Erst als der Landrat den Bau von drei neuen Badeanstalten genehmigte, sah sie sich zum Verkauf gezwungen und erhielt nun nur noch die Hälfte der Summe, die ihnen die Gemeinde anfangs geboten hatte. Ab 1903 besaß Bansin dann ein Familienbad, zwei Damen- und zwei Herrenbäder. Zur festgelegten Badezeit trennten sich die Geschlechter. Alles Männliche zog zum Herrenbad am Oststrand. Die Weiblichkeit wandelte dem Damenbad am Weststrand entgegen, um im züchtigen »Bade complet« ins Wasser zu steigen. Das Familienbad, das sich später als neutrale Zone dazwischen schob, war dann schon ein Fortschritt. Aber so einfach ging das in Preußen natürlich nicht. Erst einmal wurden die ohnehin schon zahlreichen Verordnungen erweitert.

»Die Vorbedingungen sind neben Beibehaltung der bisherigen getrennten Seebadeanstalten für Herren und Damen besonders vorgeschriebene, geschlossene Badeanzüge für beide Geschlechter und die Verabreichung der Badekarten nur an Familien.

Die Familienbadeanstalten sind so einzurichten, daß die Damen und Herren getrennte Eingänge und gegenseitig nicht sichtbare An- und Auskleideräume, Laufstege und Einsteigetreppen zum Wasser haben und erst im Wasser zusammenkommen können.

Ein des Schwimmens kundiger älterer Mann wird zur Führung der Frauen und Kinder und zur Aufrechterhaltung der Ordnung während der Badezeit ständig im Wasser oder auf der Laufbrücke aufgestellt.«

Nun konnten endlich die Kinder mit beiden Eltern zusammen baden. Allerdings entstand damit ein neues Problem: Es gab keine einheitliche Festlegung, wie und wo nun die Knaben baden durften. Jede Badedirektion hatte ihre

Das Damenbad Bansins auf einer Postkarte

Das Damenbad vom Strand aus gesehen

eigenen Vorschriften erstellt. In einem Ort galt: *»Kinder unter 6 Jahren dürfen in Schwimmhosen oder Badehemden im Frauen-Terrain gebadet werden.«* Im nächsten Seebad stand in der Badeordnung: *»Knaben unter 3 Jahren baden mit den Damen zusammen. Knaben aber über 3 Jahre baden in Begleitung von ihren Müttern nur in der Zeit von 9 bis 9 ½ Uhr.«*

Ab welchem Alter aus dem Knaben ein junger Mann geworden ist und er in das Herrenbad umsiedeln muss, lässt diese Badeordnung offen. Am einfachsten machte man es sich in einem weiteren Badeort:

»Knaben dürfen mit in das Damenbad genommen werden, bis zu einem Alter, in welchem sich ihre Ansichten nicht von denen der kleinen Mädchen unterscheiden.«

In der Badeordnung war das Verhalten am Strand streng geregelt:

»§1 Das Baden in der Ostsee im Freien außerhalb der Badeanstalten vom Strande aus ist im Bereich des Amtsbezirkes (...) im Interesse der öffentlichen Ordnung und Sicherheit verboten.

§2 Während der Badestunden von 6.00 Uhr morgens bis 12.00 Uhr mittags dürfen am Strande vor den Damenbadeanstalten bis zu einer Entfernung von 75 Metern, welche Abstände durch Tafeln bezeichnet sind, männliche Personen sich nicht aufhalten.

§3 Übertretungen dieses Verbotes werden mit Geldstrafen bis zu 9 Reichsmark bestraft.«

Die Badeanstalten genügten also nicht nur den hohen moralischen Ansprüchen der wilhelminischen Zeit, sondern sie garantierten auch ein hohes Maß an Sicherheit, zumal es damals nur wenige Menschen gab, die schwimmen konnten. Zu diesen gehörten weder die Fischer noch die Bademeister. Letztere blickten von den Badeanstalten aus auf das Wasser und wenn ihrer Meinung nach jemand zu weit hineinging, schlugen sie Krach, bliesen in ein Horn, um ihn zurückzuholen. Wenn aber jemand wirklich in Gefahr geriet, musste erst das schwere Ruderboot ins Wasser getragen werden und der Ertrinkende schon großes Glück haben, wenn er überhaupt rechtzeitig erreicht wurde. Hans Werner Richter hat dies in seinem Buch »Deutschland, deine Pommern« geschildert:

»Zu dieser Zeit, nach der Inflation, war mein Vater bereits Bademeister, ein Bademeister unter anderen Bademeistern. Er stand mit einer Trompete bewaffnet auf der Treppe des Herrenbads und sah von morgens bis abends aufs Meer hinaus und den Badenden zu, die in einem mit Drahtzaun und Weidenflechten vom Meer abgetrennten Areal schwammen. Es waren nur Herren, die Damen badeten im Damenbad und die Kinder mit ihren Müttern im Familienbad. Er hatte darauf zu achten, daß niemand den Draht-Weiden-Zaun überstieg und ins offene Meer hinausschwamm. Das war verboten. Tat es dennoch jemand, so blies er in seine Trompete – seine Tute, nannten wir sie – und tutete, einmal lang, einmal kurz, und nur, wenn die Bademeister schon am frühen Morgen ›einen gehoben hatten‹, tutete er zu seinem Vergnügen, oft stundenlang, was die badenden Herren in dem Draht-Weiden-Zaun-Areal durcheinanderbrachte. (…) So stand er auch auf seiner Herrenbadeanstalt, einem wilhelminischen Holzschloß mit Zinnen, Türmen und sonstigen Verzierungen. Seine Aufgabe war es – neben der Trompetenwarnung – die Badezellentüren zu öffnen und wieder zu verschließen, den badenden hohen Herrschaften in jeder Hinsicht behilflich zu sein, ihre Wertgegenstände zu bewahren, sie nach dem Bad abzureiben und abzutrocknen, für ihr Wohlbefinden zu sorgen und sie vor allen Dingen am Leben zu erhalten, sie zu retten, falls das Wasser für sie zu kalt war und ihr Herz attackierte, oder falls sie trotz Badegesetz und Getute zu weit hinausschwammen, in gefährliche Strömungen kamen und zu viel Wasser soffen, oder ein zu hoher Wellengang ihnen den Magen voll Salzwasser schlug.

(…) Er rettete viele, fast immer Barone, Freiherrn, Grafen, Fürsten, Herzöge, und sie, die Geretteten, revanchierten sich mit einem ›Taler‹ oder mit einer Zigarre, oder auch mit einem ›Fünfmark-

Historische Badekarren an der Kurmuschel

Strandkörbe reihen sich auch heute aneinander.

stück‹. Mehr war ihnen ihr Leben anscheinend nicht wert, was mein Vater immer erneut beanstandete, etwa mit: ›Diese Heloten, nächstes Mal lasse ich sie ersaufen.‹

(…) Jede Rettungsaktion war von gediegener Umständlichkeit. Er konnte nicht schwimmen und die übrigen Bademeister auch nicht. Schwimmen war etwas höchst Anstößiges, dem Menschen Unwürdiges. Fische schwammen, aber nicht Menschen. So schoben sie beim ersten, zweiten oder auch fünfundzwanzigsten Hilfeschrei von draußen, bei hohem Wellengang und weiß gischtender Brandung, ihr Boot – ein schwerfälliger, schwarzer, geteerter Kahn – ins Wasser, mit Stiefeln an, die bis über die Knie gingen, mit Joppen, Mützen, Sweatern bekleidet.

›Seetüchtig‹ nannten sie es. Und seetüchtig tanzten sie mit ihrem Boot auf den hohen Wellen, rauf, runter, verschwindend und wieder auftauchend, die Ruder aus dem Wasser hebend und wieder hineinsteckend, und jeder am Strand hatte mehr Angst um sie als um den um Hilfe Schreienden.

Aber sie erreichten ihn immer, den Ertrinkenden, manchmal zu spät und oft noch zur rechten Zeit.«

Bansin war das erste Seebad an der deutschen Ostseeküste, das 1923 die Freibadeerlaubnis erhielt. Das hatte jedoch nichts mit Nacktbaden zu tun. Die Badegäste durften nun lediglich direkt vom Strand ins Wasser gehen. In den 1920er- und 1930er-Jahren wurden die Badeanstalten dann nach und nach abgerissen.

Strenge Vorschriften gab es aber bis in die 1930er-Jahre hinein hinsichtlich der Bademoden. Hierfür war der »Zwickelerlass« von Bedeutung und galt für alle Seebäder. 1933 gab der Preußische Minister des Innern folgende Badepolizeiverordnung heraus, in der ausdrücklich gefordert wurde, dass *»das öffentliche Nacktbaden untersagt ist und Frauen nur öffentlich baden dürfen, falls sie einen Badeanzug tragen, der Brust und Leib an der Vorderseite des Oberkörpers vollständig bedeckt, unter den Armen fest anliegt sowie mit angeschnittenen Beinen und einem Zwickel versehen ist.«*

Anfang der 1940er-Jahre war dann aber auch das FKK-Baden in Bansin angekommen und besonders während der DDR-Zeit an vielen Strandabschnitten üblich.

Vom Haus Meeresstrand zum Beachhotel Kaiserstrand 6

Nun stehen wir vor dem neuesten Bansiner Hotel, dem Beachhotel Kaiserstrand, das zur Seetel-Gruppe gehört. Es ist ein hauptsächlich zweckmäßiges, aber durchaus auch attraktives Gebäude, mit zufriedenen Gästen, die vom Bett aus auf das Meer sehen können. Dennoch werden viele Bansiner wehmütig. Denn an dieser Stelle stand bis Anfang der 1990er-Jahre das Haus Meeresstrand mit dem schönsten Saal der Insel Usedom. Dieser Ort ist für jeden, der schon zu DDR-Zeiten in Bansin gewohnt hat oder auch nur hier Urlaub machte, mit vielen schönen Erinnerungen verbunden. Das Haus Meeresstrand, das seinen Namen über 100 Jahre lang getragen hat, war das erste Hotel in Bansin, überhaupt das erste Gebäude, das zwischen Kiefern, Birken und Strauchwerk in den Dünen zwischen Heringsdorf und der Steilküste entstand. Der Maschinenmeister Heinrich Wille und sein Schwager Kapitän Otto Rabiger, der die Finanzierung absicherte, hatten hier, wo der sandige Weg zum Dorf Bansin abzweigte, von der Heringsdorfer Aktiengesellschaft für 8000 RM eine 2000 Quadratmeter große Fläche erworben. Zu Beginn des 20. Jahrhunderts vergrößerten sie das Hotel durch Anbau der Pension Concordia, in der Heinrich Wille eine Kolonialwarenhandlung betrieb. Das Hotel hatte seit 1899 sein Schwiegersohn, der tüchtige Gastronom Hugo Naumann, gepachtet. Die ersten Jahre hatte er es nicht leicht, sein Haus auszulasten, dennoch saß der Gemeindevorstand in Dorf Bansin, lehnte alle Ausgaben für das Seebad ab und machte dadurch eine Entwicklung unmöglich. Am 6. Oktober 1900 beschlossen die inzwischen 100 Bürger des neuen Ortes im Speisesaal des Meeresstrand, bei der Regierung einen Antrag zur Trennung des Seebades vom

Im Haus Meeresstrand befand sich der »schönste und größte Tanzsaal Usedoms«, um 1900

Dorf zu stellen, dem Anfang des Jahres 1901 stattgegeben wurde.

Mit dem direkten Bahnanschluss 1911 stieg die Popularität des Seebades. Es wuchs in atemberaubendem Tempo und hatte schon lange den Beinamen »Bansin bei Heringsdorf« abgelegt. Das Meeresstrand blieb das »erste Haus am Platz«, das größte und auch vornehmste Hotel. Hugo und Martha Naumann waren inzwischen Eigentümer, sie richteten auf der Promenade vor dem Haus unter schattenspendenden Bäumen einen Kaffeegarten ein und engagierten zur Unterhaltung der Gäste eine Kapelle. Nach dem Kauf des Nebengrundstücks mit den Villen Am Meer und Meeresruh stieg die Anzahl der Fremdenzimmer auf 80.

Bansin nannte sich »christliches Seebad«, es ging vornehm zu und so hatte auch das Hotel Meeresstrand ein entsprechendes Publikum. Zu seinen Gästen aus dem Hochadel gehörte die anspruchsvolle Victoria zu Schaumburg-Lippe, eine Schwester von Kaiser Wilhelm II., die es hingegen eher mit den weltlichen Herren hielt und in Heringsdorf weilte. Für die Qualität des von Naumann geführten Hotels sprach, dass sie von dem Haus Schaumberg-Lippe mit dem Titel »Hoflieferant« ausgezeichnet wurden. Auf allen Briefsachen durften sie nun unter ihrem Firmenkopf diesen Titel und das Wappen derer von Schaumburg-Lippe drucken lassen. Die im Gegensatz zu ihrer Schwester Victoria sehr bescheidene Margarethe Prinzessin von Preußen und Landgräfin von Hessen-Kassel logierte mit ihrer Familie ebenfalls im Meeresstrand, sowie auch der Schwarm vieler junger Frauen, der Großherzog Adolf Friedrich von Mecklenburg-Strelitz.

Im Frühjahr 1920 verstarb Hugo Naumann und wurde auf dem Bansiner Friedhof beigesetzt. Die Kapelle des Hotels eröffnete an diesem Tag die Saison mit seinem Lieblingsmarsch. Seine tatkräftige Witwe Martha Naumann ließ 1921/22 das Hotel durch einen großen Saalbau mit Foyer und Toiletten erweitern. Lange konnte sie sich an ihrem schönen Saal allerdings nicht erfreuen. Die Inflation hatte begonnen und 1923, als diese ihren Höhepunkt erreicht hatte, musste Martha Naumann, wie viele andere Hausbesitzer, ihr Hotel verkaufen. Ihr blieb jedoch die Villa Aegir (heute Gosch) und das davorstehende Ladengebäude mit zehn Geschäften erhalten. Das dem Hotel gegenüberliegende Grundstück hatte Hugo Naumann kurz vor seinem Tod gekauft.

Das größte und älteste Hotel des Ortes ging mit den Häusern Concordia, Am Meer und Meeresruh für wenige Dollar in den Besitz des Armeniers Dikran Sahagian über. Dieser war auch Inhaber der größten Kolonialwarenhandlung und somit der reichste und mächtigste Mann in Bansin. Aber er war kein unsozialer Mensch, im Gegenteil: Er richtete im Meeresstrand-Saal eine persische Teppichknüpferei ein und ließ einen erfahrenen Meister aus seiner Heimat kommen, unter dessen Anleitung die weibliche Bevölkerung einen ungewöhnlichen, aber sicheren Broterwerb fand. Die arbeitslosen Männer unterstützte er, indem er ihrem neugegründeten Sportverein modernste Sportgeräte stiftete.

Die Jahre nach der Inflation gingen als die »Goldenen Zwanziger« in die Geschichte ein und brachten auch vielen Bansinern Wohlstand. Sie modernisierten, kauften und bauten Häuser und auch Garagen für den rasant zunehmenden Autoverkehr. 1927 verzeichnete Bansin 10 044 Gäste.

Im Herbst 1929 brachte die Weltwirtschaftskrise Arbeitslosigkeit und Notstand, in den Seebädern setzte wieder ein verstärkter Immobilienverkauf ein. Diesmal geriet sogar Dikran Sahagian in finanzielle Schwierigkeiten und er entschloss sich erneut zu einem finanziellen Coup. Er bot dem örtlichen Gemeinderat den ganzen Hotelkomplex für gute harte Reichsmark zu einem schwindelerregenden Preis an. Dieser lehnte zunächst rundweg ab, zumal die örtliche Gemeindekasse sich noch von der Inflation und einigen Investitionen erholen musste. Daraufhin ließ Sahagian verlauten, dass, wenn sich der örtliche Rat nicht zum Kauf entschlie-

Das Kurhaus Meeresstrand mit Bibliothek, 1950er-Jahre

ßen könne, er alle seine Hotels ohne Mieten an Kinderheime verschenken würde. Diese Transaktion hätte für Bansin den Verlust des offiziellen Kurhauses mit all seinen Nebenhäusern und damit die Einbuße einer der wichtigsten finanziellen Quellen für den weiteren Aufbau des Ortes bedeutet. Unter diesem wirtschaftlichen Druck musste der Rat schließlich nachgeben und mit der damals ungeheuren Summe von 375000 RM in der Tasche verließ Sahagian die Stätte seines Wirkens. Die Teppichknüpferei nahm er mit. In der Mitte der 1930er-Jahre kauften die Brüder Gustav und Arnold Wiese aus Hannover den ehemaligen Sahagian-Besitz und führten nun die Geschäfte im Kurhaus. Sie ließen vor allem im Hotel Modernisierungs- und Verschönerungsarbeiten durchführen. So wurden die Wände im Saal von dem Bansiner Maler Erich Jaeckel mit heimatlichen Wandbildern gestaltet, auch in der kleinen Bodega im Untergeschoss des Hotels schuf der Künstler ähnliche, in Mode gekommene Bilder.

Im Saal, der als »größter Konzert- und Tanzsaal an der Ostsee« galt, fanden Veranstaltungen mit prominenten Künstlern und Orchestern statt und in jedem Jahr wurde hier mit den Bansiner Hausbesitzern und Gewerbetreibenden die Saison eröffnet. An drei Seiten war das Parkett von zwei Rängen umgeben, deren Balustraden mit dunkelrotem Samt bespannt waren, aus dem gleichen Stoff wie die schweren Portieren. An der Promenadenseite befand sich ein halbrunder Vorbau mit hohen Bogenfenstern, in dem damals ein kleiner Springbrunnen plätscherte und sich später eine Bühne befand.

In den 1930er-Jahren parkte eine Reihe schwerer schwarzer Mercedes-Wagen vor dem Haus und Doppelposten der SS wachten vor den Zimmertüren über die Sicherheit des Propagandaministers Joseph Goebbels und seiner Familie. Nach der Aktion Rose 1953 wurde das Haus vom FDGB-Feriendienst genutzt und war bis zu dessen Auflösung nicht nur Ferienheim, sondern auch Verwaltungsgebäude dieser Einrichtung.

Kutsche vor dem Erholungsheim Meeresstrand, 1960er-Jahre

DDR-Postkarte aus dem Seebad Bansin

Natürlich fanden weiterhin alle größeren Veranstaltungen im schönsten Saal der Insel Usedom statt. 1955 bildete sich der Bansiner Karnevalclub (BKC), der erste Karnevalclub auf der Insel. Jahrzehntelang waren die »drei tollen Tage«, die im Meeresstrand gefeiert wurden, der Höhepunkt in jedem Winter für die Einwohner. Obwohl zwei Säle und fünf Bars hunderten Gäs-

Ein Neubau der Seetel-Gruppe: das Beachhotel Kaiserstrand

ten Platz boten, waren die Veranstaltungen immer lange im Voraus ausgebucht und die Eintrittskarten noch begehrter als Räucheraal. Von dem Verlust des Meeresstrand hat sich der BKC nie erholt und wurde nach einigen Versuchen in anderen Häusern inzwischen aufgelöst.

Auch das glanzvollste Ereignis der Saison, das Internationale Tanzturnier um das Blaue Band der Ostsee, fand bis 1989 im Meeresstrand statt. Spitzenpaare aus ganz Europa begeisterten ein internationales Publikum.

Schon 1989 wurde das Haus an einen »Investor« aus dem Westen verkauft, der es sehr schnell abreißen ließ, seine hochfliegenden Ideen für einen Neubau, der über die Promenade hinweg und bis in die Dünen reichen sollte, aber natürlich nicht genehmigt bekam. Das Grundstück wurde dann mehrmals weiterveräußert und geriet schließlich in den Besitz der Seetel-Gruppe, die auch viele Jahre benötigte, um eine Baugenehmigung zu erhalten. Schade, dass ihre Pläne für ein Hotel, das schon 2009 eröffnet und mit spitzen Türmchen historisierender als der jetzige Bau werden sollte, nicht verwirklicht werden konnten.

Die östliche Promenade 7

Hier beginnt die östliche Bansiner Strandpromenade, schmaler und noch etwas höher gelegen als der westliche Teil. Auch ist die Bebauung zum großen Teil einheitlich und harmonisch, es überwiegt der Russische Landhausstil. Kaum vorstellbar, dass diese großen, prächtigen Holzvillen aus Fertigteilen, gebaut von der Wolgaster Actiengesellschaft für Holzverarbeitung, errichtet wurden.

Die Villa Meeresstrand wurde 1902 als Agnes erbaut und trug später den Namen Ina.

Das Strandhotel Atlantic, heute im Besitz der Seetel-Gruppe, wurde 1906 als Hotel Kurhaus gebaut. In den 1920er-Jahren hieß es nach seinem Besitzer Camplair, danach Kurhaus Atlantic. Unter diesem Namen wurde während der DDR-Zeit auch eine große Selbstbedienungsgaststätte darin betrieben.

Das Haus An der See, das heute dem Ahlbecker Gastronomen André Domke gehört und eine Fischgaststätte beherbergt, baute der Ahlbecker Zimmerermeister Wilhelm Reige 1900 als Hotel Germania.

Es folgt die Villa Heimdall, benannt nach dem Schutzgeist der Götter, erbaut 1897 im offiziellen Gründungsjahr des Seebades Bansin und bis heute fast unverändert erhalten geblieben. Auch dieses ist ein Fertigteilhaus der Wolgaster Actiengesellschaft für Holzverarbeitung. Es wurde für den Berliner Arzt Richard Krause errichtet, dem ersten Badearzt von Bansin. Dieser hat sich auch bei der Entwicklung des Seebades verdient gemacht, so setzte er sich aktiv dafür ein, dass eine Chaussee von Heringsdorf nach Bansin gebaut wurde. Er ließ außerdem das Strandhaus Midgard, in dem sich heute eine Arztpraxis befindet, sowie das Haus Baldur in der »unteren« Bergstraße errichten. 1992 bekam die Enkelin des Erbauers, Karin Hoffmann, die Villa Heimdall zurück und ließ sie sanieren.

Schon um die Jahrhundertwende konnte man in Bansin auf einer schmalen Promenade flanieren.

Das Haus Asgard, um 1920

Das nächste Haus heißt Asgard, es verdankt seinen Namen dem Wohnort des nordischen Göttergeschlechts der Asen. Es wurde 1898 als Fertighaus mit viel Liebe zum Detail erbaut. 1920 erwarb der Hotelier und Hoflieferant Heinrich Winterstein die kleine Promenadenvilla und ließ sie verändern. Er eröffnete 1925 eine exklusive Weindiele, wo sich schon nachmittags das Publikum mondän zum Tanztee einfand. Das Asgard war in den 1920er- und 1930er-Jahren ein Begriff in Berliner Künstlerkreisen. Zu seinen Gästen gehörten Heinz Rühmann, Hans Albers oder auch Wernher von Braun. Sie konnten in dem Traditionscafé nachmittags Klavier- und Geigenspielern lauschen oder am Abend der Tanzkapelle oben in der Bar. Die Bar gab es noch bis in die 1990er-Jahre, heute leider nicht mehr. Das Haus mit der Innenausstattung der 1920er-Jahre wird nur noch als Café betrieben.

Die Ferienwohnanlage Dünenresidenz, ein monumentaler Neubau mit Türmchen, Erkern und Balkonen, fällt ins Auge. Weil der Komplex etwas zu groß für Bansin wirkt, wird er auch gelegentlich »Neuschwanstein« genannt. An dieser Stelle stand ursprünglich die Pension Runge, aus der in DDR-Zeiten das FDGB-Erholungsheim Aufbau wurde.

Das folgende kleine Holzhaus ist die Strandvilla und ebenso wie die Schloonseevilla, darunter gelegen, als sogenanntes Schweizerhäuschen aus Fertigteilen gebaut. 1937 kaufte Oberst Wandel die Villa, dessen Tochter, Marion Gräfin von Polier, bekam sie nach dem Mauerfall zurück und ließ sie aufwendig renovieren.

Die Strandklause wurde um 1900 für den Landbaurat Körber errichtet. Die Drachenköpfe am Dach sind das Logo der Baufirma, der Wolgaster Actiengesellschaft für Holzverarbeitung. Auch hier findet man nordische Motive und eine sehr filigrane Gestaltung.

In einer Anzeige von 1913 wirbt das Haus mit dem *»gänzlich freien Blick auf Meer und Schloon-*

Zeichnung eines »Kurhauses« an der Strandpromenade 18, Bansin

see«. Außerdem heißt es darin: »*Möblierte Wohnungen von 2 bis 8 Zimmern, mit und ohne Küche, Mädchenzimmer und Speisezimmer, durchweg mit sehr großen, wind- und sonnengeschützten Veranden, auch einzelne Zimmer mit Balkon, eiserne Bettstellen mit Patent-Stahldraht und Rosshaarmatratzen, Tornado-Spülklosetts und Wasserleitung in allen Geschossen, Kinderturnplatz im Garten.*«

Die Villenreihe östlich des Seestegs

Das Haus Vineta besticht durch seine Größe und Liebe zum Detail, wie die aufwendige Verwendung von Holzschindeln. Das flache Dach lässt auf Schweizer oder süddeutsche Vorbilder schließen. 1903/04 ließ es der preußische Regierungsbaurat Walter Kern errichten und es war bis in die 1960er-Jahre im Besitz seiner Tochter Charlotte Kern, die es 1964 an den FDGB verkaufte. Der vernachlässigte es jedoch sehr, es stand auch einige Zeit leer, die Totalsanierung erfolgte 1998/99 – vielleicht im letzten Moment.

Auch der Seehof gehörte seit den 1960ern bis zur Wende dem FDGB. Dort wo heute die halbrunden Fenster zu sehen sind, befand sich eine offene Loggia. Das Haus hat große Ähnlichkeit mit norwegischen Sommervillen auf dem Lande.

Das folgende Häuschen dagegen, der Kleine Seehof, 1898 als Haus Westphalia erbaut, erinnert in seiner Dachform an eine Schweizer Villa. Hier findet man in der Veranda noch die Originalfenster.

Nun stört ein ideenloser Neubau das Gesamtbild der Reihe. Das Haus, das vorher an dieser Stelle stand, wurde 1922 von Ernst Heilemann gekauft, einem sehr bekannten Berliner Maler und Zeichner. Er arbeitete u.a. für das Satireblatt Simplicissimus und verstand es wie kein anderer Künstler der Kaiserzeit, die Atmosphäre und den Charme des Badelebens dieser Epoche darzustellen. Außerdem war er zu Beginn des 20. Jahrhunderts ein großzügiger Bewohner des Ortes, der u.a. die Feuerwehr aber auch verarmte Bansiner Familien unterstützte.

Dann folgt etwas ganz Besonderes: die Villa Niedermeyer. Dieses Gebäude, das an eine nordische Stabkirche erinnert, wurde wiederum vom ersten Fertighausproduzenten in Deutsch-

Eine Karikatur Heilemanns aus den 1920ern

land, der Wolgaster Actiengesellschaft für Holzverarbeitung, 1888/89 hergestellt und zunächst auf der Weltausstellung präsentiert. Erst danach wurde es nach Bansin gebracht und hier unter dem Namen Villa Gradehand aufgestellt. Der Erbauer, Zimmermannsmeister Gradehand, war von der Begeisterung des Kaisers für Skandinavien angesteckt, die Konstruktionsweise der Häuser war der Stabkirchen- und Schiffbautradition Skandinaviens angenähert. Die schmalen und hohen Häuser vermitteln bei etwas Fantasie das Bild eines an Land gezogenen Schiffes. Um den Eindruck zu verstärken, wurden die Treppenhäuser meist nach hinten verlegt. Das Erdgeschoss wurde aus praktischen Gründen – hier befanden sich Küche und Vorratsräume – meist massiv erbaut. Der erste Besitzer musste das Haus während der Weltwirtschaftskrise verkaufen, es wurde 1927 von Eduard Niedermeyer ersteigert und wird noch heute von der Familie bewohnt. Im Gebäude ist das Wohnzimmer mit Holzdecke und Wandvertäfelung komplett im Originalzustand erhalten.

Der Architekt Otto Saldsieder ließ sich im Jahre 1913 eine große Villa errichten, die nach dem Wunsch seiner Frau, die für die gleichnamige Oper schwärmte, Carmen genannt wurde. Gäste in diesem Haus waren u.a. die Schauspieler Marika Rökk und Willy Fritsch. Die Familie Saldsieder wurde 1953 während der Aktion Rose enteignet und das Gebäude anschließend als Mietshaus der Gemeinde genutzt. 1993 erfolgte die Rückübertragung an die Erben, die es detailgetreu sanierten.

Das letzte Holzhaus in dieser Reihe ist ein Zwerchhaus mit Satteldach, 1908 für den Verleger Georg Ernst erbaut. Es entspricht dem Landhausstil, der in den 1920er-Jahren in Berliner Villengegenden in Mode war. Der Berliner Verleger musste während des Zweiten Weltkrieges herbe Verluste einstecken und dieses Sommerdomizil diente ihm zeitweise sogar als Arbeitsstätte. Es gelang Ernst aber, den Verlag und die angeschlossene Druckerei zu retten. Er starb am 31. Dezember 1950 – einen Tag vor dem 100-jährigen Verlagsjubiläum.

Das Hotel Desny erinnert viele Einheimische an ihre frühe Kindheit, denn hier war bis in die 1960er-Jahre der Bansiner Kindergarten untergebracht. Danach ging das Gebäude in den Besitz eines Leipziger Betriebes über, der es als Ferienheim nutzte. Erbaut wurde die Villa als Sommerresidenz für Xenia Desny, neben Henny Porten einer der glanzvollsten Stars des deutschen Stummfilms. Sie bewohnte es etliche Sommer zusammen mit ihrer Tochter, der Tänzerin Tamara Desny, und empfing hier auch viele ihrer ebenso berühmten Kollegen, die meist in Heringsdorf logierten. Zu den Bansiner Gästen und Einwohnern hatten die Damen jedoch nur wenig Verbindung. Als sich der Tonfilm durchsetzte, verlor auch der deutsch-russische Desny-Stern an Bedeutung und Leuchtkraft. Das Haus erwarb der Großindustrielle Gardes, dessen Frau als Hofdame beim Zaren fungiert hatte.

Der Schloonsee befindet sich an der
Grenze zum Ostseebad Heringsdorf.

In der zweiten Reihe 8

Hier beginnt Heringsdorf, parallel zur Promenade verläuft die Maxim-Gorki-Straße, die in Bansin Waldstraße heißt. An dieser Stelle mag der Malermeister Max Vahl, der später der erste ständige Einwohner und Ortschronist Bansins wurde, gestanden haben:

»Es war ein sonniger Junitag im Jahre 1886, als ich durch die Heringsdorfer Plantage schlenderte und am Schloonkanal stehenblieb. Vor mir breitete sich mit dem zwischen Wiesen und Feldern eingebetteten Schloonsee und der bewaldeten Hügelkette im Hintergrund eine idyllische Landschaft aus. Die sonntägliche Stille wurde nur von dem dumpfen Gebrüll weidender Kühe und dem Hämmern eines Spechtes unterbrochen.«

Schon im Folgejahr hämmerte hier nicht nur der Specht, denn eine rege Bautätigkeit hatte begonnen. Direkt über dem Schloonsee entstand ein kleines Gebäude. Der Maler Ernst Heilemann ließ sich einen hölzernen rohrgedeckten Pfahlbau errichten, den er als Ateliergebäude nutzte. Davon erhalten geblieben ist die Plattform mit Bänken über dem Wasser. Die Aktiengesellschaft Heringsdorf hatte hier einmal eine Badeanstalt für Kinder betrieben, in denen diesen Schwimmunterricht erteilt wurde. In die Schlagzeilen geriet der Schloonsee, weil in der Tiefe reiche Erdgasvorkommen lagern, die man zur Strom- und Wärmeerzeugung nutzbar machen will, was die Tourismusbranche, die negative Auswirkungen befürchtet, jedoch bisher verhindern konnte. Auch die Idee, eine Zufahrt aus der Ostsee in diesen See zu schaffen und ihn zu einer Marina auszubauen, fand bis jetzt mehr Gegner als Befürworter.

Mit 14 Hektar Größe, drei Metern Tiefe und Flachmoorbildung stellt er ein bedeutsames Biotop, unter anderem als Brutgebiet für 80 Vogelarten, dar. In den 1990er-Jahren, als Bansin noch ein selbstständiger Ort mit einem gesunden Haushalt war, setzten sich die einheimischen Bürgermeister Jochen Kissing und danach Helmut Friedrich dafür ein, eine Uferpromenade anzulegen, ein Pendant zur Strandpromenade, das besonders von älteren Gästen aber auch von den Bansinern gern angenommen wird. Auf einem Steg, der durch das Schilfrohr bis auf den See hinausragt, kann man sogar in der Hochsaison Ruhe und Natur genießen. Alle Generationen Bansins werden sich gern daran erinnern, auf diesem See Schlittschuh gelaufen zu sein. Auch Hans Werner Richter erwähnt in seinen »Geschichten aus Bansin« den Schloonsee und ein Geschehen unmittelbar nach dem Zweiten Weltkrieg:

»In ihm versenkten die Hoteliers beim Herannahen der russischen Armee fünfzigtausend Flaschen ihrer besten Weine, was ihnen aber nichts half. Die Russen holten sie mit Hilfe von Tauchern Flasche für Flasche aus der vermoderten Tiefe des Sees herauf (...).«

Auf der rechten Straßenseite erblickt man die Rückseiten der Villen an der Strandpromenade, die ursprünglich großzügig bemessenen Grundstücke wurden leider in den vergangenen zwanzig Jahren mit rein zweckmäßigen Ferienwohnungskomplexen zugebaut. In dem spitzen Winkel, an dem die Waldstraße auf die Bergstraße stößt, wurde 1905 die Villa Byrutha erbaut. Das Grundstück war der Garten der Familie des schon erwähnten Badearztes Dr. Krause, der in der Villa Heimdall wohnte. Er verkaufte es an die Familie Endrejat. Das Haus ist bis heute beinahe unverändert erhalten geblieben. Hier wohnte später auch der Bansiner Kurdirektor Wolfgang Lincke. Bereits von 1934 an war er in der Kurverwaltung tätig. Nur der Krieg und kurze Gefangenschaft unterbrachen sein Wirken. Von 1946 bis zu seiner Pensionierung 1968 war er Kurdirektor in Bansin – der bisher am längsten amtierende – und organisierte auch die berühmten internationalen Tanzturniere der Sonderklasse.

Im Zentrum Bansins 9

Nun kreuzen sich Wald- und Badstraße. Die Waldstraße hieß ursprünglich Waldweg, dann Schloon- und in DDR-Zeiten Friedrich-Engels-Straße. Der linke Teil der Badstraße wurde erst in den 1990er-Jahren gebaut. Zu DDR-Zeiten stand hier, wo sich heute der Parkplatz befindet, eine »Kaufhalle« für Lebensmittel. Dahinter schloss sich eine Kleingartenanlage an. Wo heute moderne Ferienhäuser stehen, weideten Kühe auf eingezäunten Wiesen, daneben, zwischen Schule und Schloonsee, befand sich ein Schulgarten.

Auf den Grundstücken, die die Gemeinde zwischen Bad-, Berg- und damaliger Schloonstraße (heute Waldstraße) gekauft hatte, wurde 1903 auch gleich noch ein Spritzenhaus mit Schlauchturm für die neu gegründete Feuerwehr errichtet.

Das Gebäude auf der rechten Seite mit der Aufschrift »Warmbad« war mehr als hundert Jahre lang das Bansiner Gemeindeamt. Erbaut wurde es 1903, zwei Jahre nachdem Kaiser Wilhelm II. das Gebiet nordöstlich von der Kreis-Chaussee zur selbstständigen Gemeinde mit dem Namen Seebad Bansin erklärt und das Seebad an das Dorf Bansin eine Abfindung von 4000 RM gezahlt hatte. Im rechten Flügel des Amtsgebäudes befand sich ab 1919 das für einen Kurort unerlässliche Warmbad – man konnte den vornehmen Gästen schließlich nicht zumuten, in die kalte Ostsee zu gehen. Es wurde noch bis in die 1960er-Jahre als solches genutzt, zu der Zeit allerdings hauptsächlich von einheimischen Familien, die noch kein eigenes Bad in der Wohnung besaßen. Das Gebäude diente bis 2004 als Gemeindeamt, als die Fusion der Kaiserbäder erfolgte und Ahlbeck zum Amtssitz erwählt wurde. Heute beherbergt es hauptsächlich den Eigenbetrieb Kaiserbäder Insel Usedom, dessen Aufgabe in der Tourismusförderung im Ostseebad Heringsdorf besteht.

Der Schriftsteller Hans Werner Richter brach eine Lehre zum Gemeindediener in Bansin ab und ließ sich in Swinemünde und Berlin zum Buchhändler ausbilden. 1933 emigrierte der junge Intellektuelle nach Paris, kehrte aber noch vor Beginn des Zweiten Weltkrieges nach Deutschland zurück. Der Krieg, seine Ursachen und Folgen waren für ihn politisch und künstlerisch prägende Erfahrungen, denen ein bedeutender Teil seines literarischen Werkes verpflichtet ist. Dazu gehören die preisgekrönten Bücher »Die Geschlagenen«, »Sie fielen aus Gottes Hand« und »Du sollst nicht töten«. Aber auch seine tiefe innere Bindung an die Familie und seine Heimat waren von großer Bedeutung für das Schaffen Richters. Im Roman »Spuren im Sand« sowie in den Erzählungsbänden »Blinder Alarm. Geschichten aus Bansin« und »Deutschland, deine Pommern« beschreibt er mit feinsinnigem Humor die Mentalität der Bewohner dieser Gegend. Besonders verdient machte er sich als Initiator und Kopf der Gruppe 47, eine der wichtigsten Schriftstellergruppierungen der Nachkriegszeit, zu der auch Heinrich Böll, Uwe Johnson, Siegfried Lenz, Ingeborg Bachmann, Günter Grass und Marcel Reich-Ranicki gehörten. Eben jener Literaturkritiker sagte 1997: *»Sicher ist: Solange man sich für die deutsche Literatur nach 1945 interessiert, so lange wird man die Gruppe 47 nennen und ihres Gründers Hans Werner Richter gedenken.«*

Um Richter und seinem Schaffen ein Denkmal zu setzen, wurde im Jahre 2000 das alte Bansiner »Spritzenhaus« der Feuerwehr zu einem Literaturhaus umgebaut. Ein Großteil des Nachlasses, das Arbeitszimmer samt Möbeln und Büchern, die seine Witwe nach dessen Tod 1993 der Gemeinde Bansin vermacht hatte, wurden hierher verbracht und sind zu besichtigen. Doch ist das heutige Hans Werner Richter-Haus weit mehr als nur Museum und Bibliothek. Regelmäßig werden im Günter-Grass-Zimmer, in dem Originalzeichnungen und Grafiken des Literatur-Nobelpreisträgers ausgestellt sind, Lesungen und Veranstaltungen wie die alljährlich im November stattfindenden Hans Werner Richter-Literaturtage angeboten. Besondere Ausstellungsstücke erinnern an den ehemaligen Hausherrn als den Initiator und Leiter der Gruppe 47.

1970 erschien im Westberliner Verlag Klaus Wagenbach ein Buch Richters mit dem Titel »Blinder Alarm. Geschichten aus Bansin«. Allerdings konnten es zunächst nur wenige Einwohner des Seebades lesen, denn der Autor hielt nicht viel von der DDR und die DDR deshalb nicht viel von ihm. Seine Werke wurden daher im Osten nicht verlegt. In der 2008 erschienenen Neuauflage des Buches schreibt Klaus Wagenbach im Nachwort: *»[Ich begriff], dass Hans Werner Richter weniger deutsch denn pommersch-usedomisch war: still, gelassen, erfahrungsgesättigt (er war in seiner Jugend Linker unter Nationalen gewesen, dann lange Soldat, nach dem Krieg mit der Zeitschrift ›Der Ruf‹ vaterländischer als mancher Konservativer und wiederum Jahre später Organisator vieler Veranstaltungen gegen die Atomrüstung). Ein Menschenfreund.«*

Eine kleine Ausstellung in diesem Haus erinnert an die in Ahlbeck geborene Schriftstellerin und Publizistin Carola Stern.

Auf der linken Seite sehen wir jetzt die Pension Elsbeth. Schon 1896 baute Carl Reimer auf seinem Grundstück eine kleine Wirtschaft und die Villa Elsa. 1898 eröffnete Elsbeth Seidel das Gebäude als Privatkinderheim Elsbeth. Sie führte das Haus als solches bis 1965, bis in ihr hohes Alter.

Die Kreuzung Wald-/Seestraße ist, abgesehen von ein paar schönen großen Bäumen, die inzwischen leider fehlen, über hundert Jahre lang unverändert erhalten geblieben und bildet bis heute das Ortszentrum. Die Seestraße – ursprünglich hieß sie Strandstraße, dann Seestraße, viele Jahre Karl-Marx-Straße – war schon immer und ist heute noch die Hauptstraße des Seebades. Ihr oberer Teil, der schon in den 1890er-Jahren an die Swinemünder Chaussee grenzte, war damals viel steiler und hieß Koppelberg. Starke Regenfälle hatten ihn derart ausgespült, dass er einer Schlucht glich. Dennoch wurden auf diesem Weg die Baustoffe für das neue Seebad mit Fuhrwerken vom Heringsdorfer Bahnhof herangefahren. Von 1901 bis 1903 baute der Kreis den Hohlweg zur Landstraße aus und die Gemeinde pflanzte Kastanien an, die sich zu prächtigen Alleebäumen entwickelten. Hans Werner Richter schreibt in seiner »Bansiner Topographie«:

»Die Straßen des Ortes, in dem mein Vater lebte, bilden ein Kreuz. Die längere Seestraße läuft von Süden nach Norden, die kürzere Bergstraße von Westen nach Osten. (...) Das Kreuz ist behangen mit ein paar Nebenstraßen, mit einem Kriegerdenkmal, mit einem vermoderten See, mit einer zweiklassigen Volksschule, mit Villen aus der Jahrhundertwende, mit einem Kinderspielplatz und mit zwei Tennisplätzen. Der Kiefernwald, der von Westen her an das Kreuz grenzt, umschließt Kriegerdenkmal, Kinderspielplatz und Tennisplätze. Die Seestraße beginnt im Süden am Bahnhof und läuft nach Norden bis ans Meer. Ein weißer Gürtel hält sie dort auf: der Strand.«

Fällt der Blick an der Ecke Wald-/Seestraße in Richtung Strandpromenade, kreuzt davor die Bergstraße. Zwischen beiden Kreuzungen stehen große Villen aus der Gründungszeit des Seebades. Das Gebäude an der rechten Ecke, heute Spezialarztpraxis und Apotheke, beherbergte früher unter dem Namen Villa Elfriede einen Zigarrenladen und eine Drogerie. Erbaut wurde es als Villa Schultz. Dahinter steht die Villa Gläser, 1900 vom Tischlermeister H. Gläser aus Neuhof errichtet. Gegenüber, etwas erhöht und über eine breite Treppe zu erreichen, befindet sich die Villa Frisia, im Jahre 1900 als Wilhelminenshöh erbaut. Ursprünglich war es eine Pension, in DDR-Zeiten wurden die großen, hohen Räume in Mietwohnungen umgewandelt. In dieser Zeit hat in den Läden davor, heute Bäckerladen und Boutique, Ellen Kierski Andenken und Kunstgewerbeartikel verkauft.

Auf der rechten Ecke befindet sich das heutige Hotel Buchenpark, das an der Rückseite tatsächlich an diesen angrenzt. Das Grundstück wurde von der Aktiengesellschaft Heringsdorf verkauft, die strenge Vorgaben für die Errichtung von Gebäuden darauf machte:

»Das Grundstück muß binnen eines Jahres bebaut und umfriedet sein und zwar mit eisernen oder durchbrochenen Gittern, höchstens 1,25 m hohen Holz- oder Steinbewehrungen. Zu gleicher Frist muß ein Vorgarten angelegt sein. Auf der gekauften Parzelle dürfen Gebäude und Baulichkeiten irgendwelcher Art nur so durchgeführt werden, daß zwischen ihren und allen Grenzen des Grundstücks ein mindestens 4 m breiter Raum frei bleibt. Desgleichen muß die geringste Entfernung der einzelnen auf dem Grundstück zu errichtenden Baulichkeiten voneinander 4 m betragen. Während der Badezeit vom 15. Juni bis 20. September dürfen Bauarbeiten auf der Parzelle ohne Genehmigung der Verkäuferin nicht vorgenommen werden. Die auf dem Grundstück zu errichtenden Gebäude dürfen nur enthalten: Kellergeschoß, Erdgeschoß, erster Stock und Dachstockwerk mit Drempel von höchstens 1 m Höhe. Der Käufer muß die Fassaden der projectierten Gebäude der Verkäuferin zur Genehmigung vorlegen und sich Abänderungen durch einen Architekten auf seine Kosten gefallen lassen.

Zu Gunsten der Actiengesellschaft Seebad Heringsdorf und deren Rechtsnachfolger eingetragen am 9. April 1900«

Erbaut wurde das Haus als Hotel Seeschloss vom Zahnarzt Max Lustig aus Swinemünde. Ab 1907 gehörte es Minna Brunst und hieß nun Kehrwieder. Danach wechselte es noch zweimal

Kanalbauarbeiten in der Bansiner Seestraße vor dem Ferienheim Julian Marchlewski, ehem. Kehrwieder

die Besitzer und wurde ab 1948 ein Ferienheim des FDGB, zunächst noch unter dem Namen Kehrwieder, später hieß es Julian Marchlewski. In dieser Zeit wurde auch der Saal an der Waldseite angebaut.

Die Villa Anna an der linken Ecke wurde 1898 für Erdmann Barnheide, den Gemeindevorsteher von Bansin Dorf, erbaut. Gegenüber steht das heutige Hotel zur Post. Noch am Ende des 19. Jahrhunderts befanden sich hier große Lehmgruben, aus denen die Bansiner zum Ausbessern ihrer Häuser, Ställe und Scheunen Baumaterial holten. Sie brannten dort auch Ziegel für ihre Häuser. Carl Proll ließ später dort die Villa Proll errichten. 1923 wurde die Villa in Hotel zur Post umbenannt. 1935 kauften die Brüder Gühler das Hotel. Es wurde 1945 bis 1947 von sowjetischen Offizieren beschlagnahmt und genutzt, dann an die Familie Gühler zurückgegeben, die es bis 1953 betrieb. Um den Repressalien der Aktion Rose zu entgehen, flüchtete die Familie in den Westen. 1990 hat Gerhard Gühler den elterlichen Besitz zurückbekommen und betreibt es, inzwischen einer Gesellschaft angehörend, als Kaiser Spa Hotel Zur Post. Der Ursprungsbau ist noch heute erhalten, wurde aber durch An- und Neubauten so erweitert, dass die Hotelanlage wie ein eigenes Stadtviertel in der Ortsmitte wirkt. Das alte Postgebäude, nach dem das Hotel benannt ist, wurde im Zuge der Bauarbeiten ebenso wie die sich daneben befindlichen Geschäfte abgerissen. Auch die angrenzende Villa Daheim, die der Handschuhfabrikant Ahlemann, einer der Gründerväter des Ortes, 1897 errichten ließ, wurde genau 100 Jahre später abgerissen. An der Stelle, Seestraße 9, steht jetzt ein schmuckloser Neubau.

An der gegenüberliegenden Straßenseite befindet sich die Villa Baroni (Seestraße 79), sie gehörte ebenso wie die dahinterliegende Villa in der Goethestraße Carl Schmidt, der beide mit *»Christliche Pension Schmidt und Meeresstille – Ruhige, bestempfohlene Häuser in guter Lage, fließendes Wasser in einigen Zimmern, vorzügliche Verpflegung«* bewarb. Das Haus wurde später nach dem Italiener Baroni benannt, mit dem Frau Schmidt nach 1945 verheiratet war.

Die Villa Erna daneben (Seestraße 78) wurde vom Brunnenbauer Herrmann Krüger aus Heringsdorf errichtet, der das Grundstück von Fritz Barnheide gekauft hatte.

Das Haus Viamare an der Ecke zur Schillerstraße ist um 1900 entstanden. Die Villa, die mit ihren Klinkersteinen beeindruckt, hieß Ehrentraut und ist fast unverändert erhalten geblieben.

Die Villa Margarethe, nun wieder auf der linken Straßenseite, wurde ebenfalls 1897 im offiziellen Gründungsjahr des Seebades Bansin für Margarethe Proll, Ehefrau von Carl Proll, erbaut. Der Sohn Gerhard war mit Hans Werner Richter befreundet, er erlernte wie dieser in Swinemünde das Buchhändlergewerbe, betrieb eine Buchhandlung in Bansin und war einer der bedeutendsten und angesehensten Kulturträger und -organisatoren des Ortes und der Insel. Er war Bibliotheksrat und ihm sind der Aufbau eines engen Bibliotheksnetzes im Kreis und die Organisation zahlloser literarischer Veranstaltungen zu verdanken, zu denen er prominente Autoren auf die Insel holte und sie dem Publikum vorstellte. Natürlich gehörte er zu den Gründern des Bansiner Inselklubs. Sein ältester Sohn Jens Peter war einer der literarisch ambitioniertesten Regisseure beim DDR-Fernsehen. Dessen Sohn, der Ur-Ur-Enkel von Carl Proll, wiederum betreibt heute eine Zahnarztpraxis in diesem Haus.

Auf der Seestraße in Richtung Süden 10

Ein paar Häuser weiter findet sich auf der rechten Straßenseite das Haus Paula. Hier ist der berühmteste Bansiner, Hans Werner Richter, zusammen mit seinen sechs Geschwistern aufgewachsen. Das Haus trägt den Namen seiner Schwester, die bis zu ihrem Tod im Jahre 2012 darin wohnte. In dem Roman »Spuren im Sand« beschreibt er das Zuhause seiner Kindheit. Die Familie wohnte allerdings im Hinterhaus, das Vorderhaus diente nur der Vermietung. Heute befindet sich darin die Buchhandlung von Kornelia Runne. Nachfahren der Familie Richter leben noch heute in Bansin und Umgebung. In der Goethestraße lebte der 2016 verstorbene Neffe von Hans Werner Richter, Egon Richter. Er war ebenfalls Schriftsteller und ebenfalls seiner Heimat in seinen literarischen Werken und in seinem Leben sehr verbunden. In dem autobiografisch gefärbten Roman »Ferien am Feuer« schreibt er über seine Erlebnisse als Halbwüchsiger im Bansin der Nachkriegszeit. Im Ort war er besonders im Inselklub aktiv, den seine Tochter noch heute leitet.

Linkerhand zweigt die Schulstraße ab, wo sich das ehemalige Schulgebäude befindet. Die Schule wurde am 2. Mai 1913 eröffnet, vorher mussten die Bansiner Kinder den Unterricht in Dorf Bansin, Heringsdorf oder Neuhof besuchen. Die Kinder waren den Bansinern anscheinend nicht besonders wichtig, denn sie zögerten den Bau lange hinaus, erst nach einem staatlichen Baukostenzuschuss errichteten sie die dann aber für damalige Verhältnisse hochmodern gestaltete und ausgestattete

Die heutige Villa Paula, in dem Hans Werner Richter seine Kindheit verbrachte

Schule. Nach der Einweihung 1913 wurden hier 23 Jungen und 20 Mädchen unterrichtet. Das Gebäude wurde auch in der DDR-Zeit weiter genutzt. Ergänzt durch einige weniger schöne Nebengebäude diente es den Bansinern als Polytechnische Oberschule (POS) für die 1. bis 8. Klassen. Nach dem Mauerfall wurde das Hauptgebäude noch über zwanzig Jahre lang als Grundschule genutzt.

Gegenüber, an der linken Seite der Schulstraße, steht die Villa Paul Exss. Der gleichnamige Besitzer dieses Hauses war von 1908 bis 1931 Bürgermeister im Seebad, in der Zeit, als der Ort seinen größten Aufschwung nahm. Am 1. April 1911 bekam Bansin einen eigenen Bahnanschluss an die neue Eisenbahnstrecke von Heringsdorf nach Wolgast. Das hatte zur Folge, dass die Anzahl der Gäste auf 9142 anstieg, das waren 1571 mehr als im Vorjahr. Bansin war ein vornehmes Adelsbad, die Gäste waren Angehörige der »oberen Zehntausend«. Unter der Regierung von Paul Exss rückte Bansin in die höchste Sterne-Klasse der deutschen Seebäder auf. In dem Haus wohnte lange Zeit die Familie Heinz. Herbert Heinz war viele Jahre Direktor der Bansiner Schule und ebenso wie sein Sohn Harald beliebter Lehrer und aktives Mitglied des Gemeinderates. Beide haben sich besonders um die Einbeziehung der Schulkinder in den Naturschutz verdient gemacht.

Ein paar Schritte auf der Seestraße in Richtung Bahnhof weiter entdeckt man links ein Einkaufscenter, dahinter eine große Ferienwohnanlage. Das alles wurde erst nach 1990 gebaut, in DDR-Zeiten befand sich hier ein großer Parkplatz, vorher ein Getreidefeld, das bis an den Schloonsee heranreichte. Auf der gegenüberliegenden Straßenseite führt ein kleiner Abhang hinauf zum Fußballplatz. Links steht ein schönes, großes rohrgedecktes Haus. Hier lebte und arbeitete der Maler Rolf Werner. Der gebürtige Sachse hatte das Sommerhaus 1956 von der Familie eines Barons erworben, das diese aber schon während des Krieges aufgegeben hatte, und erweiterte es um einen Atelieranbau. Seine Bilder waren meist kleinformatig, bunt und freundlich und fanden in der DDR kaum die ihr gebührende Anerkennung. Dennoch war Rolf Werner auf der Insel und besonders in Bansin kulturpolitisch außerordentlich aktiv. In seinem Atelier trafen sich Künstler und Arbeiter, Literaten und Schauspieler. Er zählte in Bansin zu den Begründern des Inselklubs und gehörte zu den Vätern des Kunstpavillons in Heringsdorf.

Rechts unterhalb des Sportplatzes stand das erste Haus des heutigen Seebades. Westlich davon verlief der Waldweg, auf dem die Fischer vom Dorf zu ihrer Arbeit an den Strand gingen und der, inzwischen asphaltiert, noch heute Fischerweg heißt. Um dem Strand näher zu sein, baute der Fischer Frank aus Dorf Bansin auf seinem Grund in der Bansiner Feldmark ein Haus. Seinem Enkel Heinrich Frank gehörten Jahrzehnte später die Promenadenvillen Germania und Seeblick (Kaiser Wilhelm). 1892 verkaufte er das Anwesen an den Berliner Hühneraugenoperateur Emil Wichmann, der es aufstockte, verschalte und mit einem Garten mit Bewässerungsanlage umgab, der in dieser Umgebung wie eine Oase wirkte. Er nannte das Haus Waldesruh und verbrachte hier rund drei Jahrzehnte lang die Sommermonate. Emil Wichmann war einer der ersten, der erkannte, dass diese Region alle Voraussetzungen für ein Seebad bot und zu seinen Gründern zählte. 1920 erwarb Friedrich Archenhold, bekannter Astronom und Begründer der Sternwarte in Berlin-Treptow, das Grundstück mit dem ältesten Bansiner Haus und behielt es bis 1935. Er pflegte ein inniges Verhältnis zur einheimischen Bevölkerung, die ihn besonders seiner »spinnerten Einfälle« wegen liebten. Ihm gefiel es, die reichen und hochmütigen Luxusgäste zu schockieren. So erschien er einmal zum Tanz im Atlantic und trug einen Pyjama statt eines Fracks. Sein wissenschaftliches Renommee schützte ihn vor Portiers und Rausschmeißern.

In Richtung Kirche 11

Rechts ab geht es nun weiter in die Kirchstraße. Vorher könnte man noch im Fischkopp einkehren, der besten Fischgaststätte in Bansin, in der man vor allem frischen Ostseefisch genießen kann und sollte. Gleich dahinter, an der Ecke zur Goethestraße (ursprünglich Bismarck-, in DDR-Zeiten Thälmannstraße), entdeckt man das Tropenhaus, in dem heute außer exotischen Tieren auch ein Hotel und ein Restaurant untergebracht sind. Entstanden ist es 1973 aus der leer stehenden Gemeindegärtnerei. Der leider früh verstorbene Malermeister Hans Adomat schuf hier eine für Usedom wirklich einmalige Anlage für exotische Pflanzen und Tiere. Unterstützt wurde er von einheimischen Naturfreunden wie Kurt Zelle, Martin Wewetzer, Norbert Conrad und Bernd Michaelis. Als die Zahl der Besucher ständig stieg und sich der Tierpark Berlin sowie der bekannte Völkerkundler und Reiseschriftsteller Erich Wustmann aktiv für das Bansiner Tropenhaus einsetzten, zeigten dann endlich auch die örtlichen Behörden Interesse. Mit erheblichen Mitteln wurde das Haus noch in DDR-Zeiten vergrößert und Fachkräfte eingestellt. Nach dem Mauerfall konnte die Gemeinde die Kosten jedoch nicht mehr tragen und verkaufte die Einrichtung an einen westdeutschen Investor, der die alte Anlage abreißen und durch ein modernes Pflanzen- und Tierhaus verbunden mit Gastronomie- und Beherbergungsangeboten ersetzen ließ. Wie das alte, so gehört auch das neue Tropenhaus heute noch zu den vielbesuchten Attraktionen der Insel Usedom. Es beherbergt inzwischen 70 Tier- und 120 Pflanzenarten und nennt sich »Kleinster Zoo Deutschlands«.

Die Bansiner Kirche

Schon ein paar Schritte weiter steht man an den Stufen, die zur Kirche hinaufführen. Sie befindet sich, von Kiefern umgeben, an einer Anhöhe am Waldrand. Es ist eine der jüngsten Kirchen auf der Insel, deren Grundsteinlegung im Juli 1938 erfolgte. Dass die Bansiner so lange auf ein eigenes Gotteshaus warten mussten, hat verschiedene Gründe. Sie hätten es schon vor dem Ersten Weltkrieg haben können, denn der Kommerzienrat Curt Berger aus Leipzig wollte dem Ort eine schwedische Holzkirche stiften. Die Gemeinde nahm das Geschenk an, unter der Bedingung, dass sie nicht für ihren Unterhalt aufkommen müsse. Daraufhin zog sich der großzügige Spender verärgert zurück. Die bis zum Jahr 1914 für eine Kirche gesammelten 6000 RM gingen durch die Inflation in der Nachkriegszeit verloren. 1936 hatte der Gemeindekirchenrat, bestehend aus den Ge-

Feier anlässlich der »Grundsteinlegung« der Bansiner Kirche 1938

meinden Benz und Bansin, dann endlich den Bau eines evangelischen Gotteshauses im Seebad beschlossen, der verzögerte sich aber noch um drei Jahre, weil sie die ersten Entwürfe des Stettiner Architekten Raimund Ostermaier ablehnten. So fanden die Gottesdienste weiterhin hauptsächlich im christlichen Hospiz Waldfrieden statt, manchmal im Hotel Meeresstrand oder in der Turnhalle, im Sommer auch am Gefallenendenkmal im Buchenpark.

Am 12. Februar 1939 wurde die Kirche dann endlich eingeweiht. Als schlichter, mit einfachen Mitteln errichteter Bau hat die Bansiner Kirche nichts mit Präsentation einer künstlerischen Idee zu tun, sondern findet ihren Wert in der Funktion. Sie besteht aus einem einfachen, rechteckigen Langhaus mit seitlich angesetztem Turm. An den Chor ist eine kleine Sakristei angebaut, ein überdachter Vorraum mit Treppe bildet den Zugang. Der einfachen, architektonischen Form entsprechend ist der Bau in schlichtem Weiß verputzt, auch die Gliederung am Außenbau ist verhalten. Farbliche Akzente werden nur durch einen umlaufenden Sockel aus gemauerten Ziegeln, die Fensterbänke sowie das rote Dach gesetzt. Der Innenraum ist relativ klein, die geraden Wände, der platt abschließende Chor und die flache Balkendecke entsprechen in ihrer Einfachheit den schlichten Formen des Außenbaus. In dem kleinen Glasfenster im Vorraum ist noch das originale Wappen des Seebades zu sehen, das heute oft in abgeänderter Form wiedergegeben wird. Die mit geringen Mitteln erbaute Kirche war anfangs mit wenig Ausstattung versehen. Die bunten Glasfenster wurden bereits 1938 eingesetzt. Ein Altarkreuz und ein Holz-Triptychon, alles von Pastor Alexander Neumann geschnitzt, ergänzen seit den 1980er-Jahren die etwas karge Ausstattung. Bis 1942 läuteten drei Bronzeglocken gemeinsam, dann wurden zwei von ihnen demontiert, um sie für die Rüstungsproduktion einzuschmelzen, und 1956 durch Hartgussglocken ersetzt.

Zurück nach Norden – die Waldstraße 12

An ihrem oberen Ende wird die Waldstraße ihrem Namen gerecht. Am Rande des Buchen- und Kiefernwaldes stehen einige kleinere Häuser, der Kindergarten und ein Waldweg führt zum Fischerweg. Rechts führt die Heinrich-Heine-Straße, ehemals Moltke-Straße, zur Goethestraße. In dieser kurzen Querstraße steht auf der rechten Seite die Villa Cremona, 1910 für den damaligen Kapellmeister des Kurorchesters erbaut und nach dessen italienischer Heimatstadt benannt. Späterer Eigentümer war der anfangs erwähnte August Herrmann, der eine Monografie als beeindruckendes Loblied über Bansin schrieb.

An der linken Seite findet sich das Haus Erdmann, das 1914 vom Architekten J. Erdmann erbaut wurde und durch sein hohes spitzes Dach auffällt.

Blick in die Waldstraße

Die aufwendig mit Stuck gestaltete Villa Tanneck wurde im Jahre 1908 für Frau Trobitius erbaut.

Das Haus Waldfriede ließ Frau Pastor Henze als Pension errichten. Später wurde es, ebenso wie das nächste Haus, Heideröschen und ein weiteres Gebäude in der Seestraße, als christliches Hospiz, also als christliche Herberge, genutzt. Im Heideröschen befand sich einige Jahre während der DDR-Zeit ein Kindergarten.

Die Villa Waldstraße baute sich der Maurer Wilhelm Kindermann aus Heringsdorf. Während der DDR-Zeit war es ein Kinderkurheim mit dem Namen Wald und See, in dem sich besonders Kinder mit Hautkrankheiten aus Regionen mit starken Umweltbelastungen aufhielten.

Im Haus Am Waldessaum (Waldstraße 26) wohnte der erste ständige Einwohner Bansins, der Malermeister Max Vahl. Am 1. April 1897 konnte er das Häuschen mit Frau und Tochter beziehen. Er wurde auch der erste Ortschronist des damals noch gar nicht vorhandenen Seebades. Im Jahre 1901 ließ er daneben auch die Villa Erika errichten.

Auf der linken Straßenseite befindet sich schließlich vor der Wegeinmündung ein Gedenkstein, der nach dem Ersten Weltkrieg errichtet wurde und heute den Gefallenen beider Kriege gewidmet ist. Die Straße rechts vom Denkmal führt direkt in den Bansiner Wald und stößt dort auf den Fischerweg. Dahinter geht der Buchenwald der Küstenregion in einen abwechslungsreichen Mischwald über. Unter den heimischen Bäumen können aufmerksame Beobachter auch Douglasien, Sitka-Fichten, Weymouth-Kiefern oder nordamerikanische Nussbäume entdecken, die der experimentierfreudige Förster Dallmann in den 1890er-Jahren anpflanzen ließ.

Mehrere Waldwege laufen bei der Wolfskuhle zusammen. Dort soll um 1750 der vor-

Die Waldstraße und ihr Villen heute

erst letzte Wolf der Region erlegt worden sein. Um 1734 musste die Oberförsterei Pudagla noch einen Wolfsjäger beschäftigen.

Etwas weiter südwestlich liegt der Mümmelkensee, ein romantischer Waldsee, der durch pflanzliche Verlandung ständig kleiner wird. Seinen Namen verdankt er den gelben Teichrosen – den Mummeln – auf seiner Oberfläche. Der Sallenthiner Schriftsteller Ernst Necker erzählt in einer Sage über die Vermoorung des Mümmelkensees. Nach der Legende spukt es dort nicht mehr in mondhellen Nächten, weil eine mitfühlende Frau aus Bansin Erdmute und Erdmann erlöst hat. Für einen Waldspaziergang lohnt es sich, den ausgeschilderten Naturlehrpfad zu nutzen, der durch weite Gebiete des Bansiner Waldes führt. Er wurde in DDR-Zeiten vom Staatlichen Forstwirtschaftsbetrieb angelegt und von Arbeitsgemeinschaften der Bansiner Schule unter Leitung des Lehrers Harald Heinz mit erläuternden und erklärenden Hinweistafeln ausgestattet. Das Waldgebiet zieht sich ca. acht Kilometer weit bis Ückeritz hin. Es umschließt den Zeltplatz an der Küste zwischen Bansin und Ückeritz, der vor 1990 einer der größten Campingplätze Mitteleuropas war. Noch heute gleicht er im Sommer einer aus Zelten und Wohnwagen bestehenden Kleinstadt.

Zurück in Richtung Ortszentrum 13

Schaut man am Buchenpark angekommen wieder in Richtung Ortszentrum, sieht man die Kreuzung See- und Waldstraße und das Hotel Buchenpark. Davor, an der rechten Seite, an der Ecke zur Goethestraße, steht ein besonders schönes, großes und altes Haus, das um 1900 errichtet wurde und zu Recht den Namen Waldschloss trägt.

Am Buchenpark beginnt ein schmaler Waldweg am Fuße eines Hügels in nördlicher Richtung. Die Anhöhe ist der Tennisberg, denn oben, von hier aus nicht sichtbar, befinden sich die Tennisplätze. In den 1920er-Jahren hatte Bansin seine Glanzzeit. Die Gemeinde pachtete das Waldstück des Königlichen Forstes hinter der oberen Bergstraße bis zum Fischerweg und gestaltete es zum Kurpark, einem gepflegten Naturpark um. Den Wünschen der Gäste kam die Gemeinde nach, als sie für die beliebtesten Sportarten Anlagen schuf. Neben Radfahrwegen im Dünengelände, Kinderspielplätzen, einem Reitstall und Reitwegen wurden im Buchenpark fünf Tennisplätze geschaffen. 1938 wurde die gepflegte und viel genutzte Anlage durch ein rohrgedecktes Holzhäuschen ergänzt.

Der Weg führt nun direkt zu einem Durchgang auf die obere Bergstraße. Diese hat im Gegensatz zu anderen Bansiner Straßen ihren Namen bis heute behalten. Rechts geht es hinunter in Richtung Seestraße, wo an der linken Ecke wieder das Hotel Kaiserstrand auftaucht, dem gegenüber rechts ein Eckgebäude, das sich heute See-

Die Villa Waldschloss an der Kreuzung See-/Waldstraße

Das heutige Seehotel Baltik hat wie auch andere Häuser des Ortes häufig den Namen gewechselt.

hotel Baltik nennt. Das Äußere des Hauses hat sich seit seiner Entstehung am Ende des 19. Jahrhunderts kaum verändert, nur die Treppe, heute direkt an der Ecke, befand sich ursprünglich an der Bergstraße. Namen und Funktion wechselten jedoch häufig. Zunächst war es die Villa Ney, dann eine Pension mit dem häufig verwendeten Namen Seeblick, danach wurde es das Hotel Reichskanzler und während der DDR-Zeit das FDGB-Ferienheim Zur Ostsee, mit der sehr beliebten gleichnamigen Gaststätte, in die man über die Treppe gelangte. Im Souterrain – heute Domkes Fischrestaurant – befand sich neben der Wäschekammer des FDGB, einem Friseur, einem Gemüseladen und anderen wechselnden Läden eine Kneipe namens Körnchenkeller, woraus die Gaststätte Kogge wurde. Diese war 1967 die Gründungsstätte des Inselklubs des damaligen Kulturbundes, ein Klub, der noch heute eine wesentliche Heimstätte des geistigen Lebens auf der Insel darstellt. In den Jahrzehnten seines Bestehens gab es ungezählte Begegnungen mit kompetenten Vertretern aus Wissenschaft, Wirtschaft, Politik, besonders aber mit Künstlern – Schriftstellern und Malern. Der Inselklub beteiligt sich nach seinen Möglichkeiten aktiv an der Gestaltung des gesellschaftlichen Lebens im Ort und in der Region.

Zurück in der oberen Bergstraße 14

In der Silvesternacht 1913/14, während des schlimmsten Sturmhochwassers, das Bansin jemals betroffen hat, entstand an dieser Stelle ein See, auf dem die Bansiner mit Booten fuhren, um aus gefährdeten Häusern Güter zu bergen und Personen zu retten. Ein mächtiger Nordweststurm hatte die Wellen der Ostsee über die kaum befestigen Dünen in den Ort getrieben. In sehr kurzer Zeit war das Wasser angestiegen, zerstörte die Badeanstalten, die Dünen und den größten Teil der Strandpromenade. An der Steilküste des Langen Berges stürzten ganze Waldstreifen ab. Die Fischerboote und -buden wurden völlig zertrümmert.

Die Regierung gewährte ein Notstandsdarlehen von 20000 RM und Gemeindevorsteher Paul Exss rief die Bürger zu freiwilligen Räumarbeiten auf. Fast alle Einwohner beteiligten sich an der Beseitigung der schweren Schäden, besserten die Straßen aus und legten eine neue Promenade an, sodass zur Saison 1914 ein völlig neues Bansin seine Gäste erwartete. Besonders verdient bei dieser beispiellosen Solidaritätsaktion machte sich ein Bansiner Original, der »Alte Stromberg«. Er besaß ein Lastfuhrwerk, mit dem er Baumaterial transportierte und das von einem Esel gezogen wurde. Allerdings nicht immer. Das launische und störrische Tier hatte die Angewohnheit, sich an bestimmten Stellen des Ortes nicht mehr von der Stelle zu rühren. So blieb er regelmäßig am Fuß der Bergstraße stehen. Der alte Herr versuchte, zunächst durch gutes, dann durch immer wütenderes Zureden, das Tier zum Weiterziehen zu bewegen, aber der blieb selbst handgreiflichen »Bitten« verschlossen. Tobend und fluchend spannte sich der Fuhrherr schließlich selbst vor seinen Wagen, schleppte ihn den Berg hinauf zur Baustelle, entlud das Ma-

Schäden der Sturmflut, Silvesternacht 1913/14

Auch ein Esel wurde für die Beseitigung der Flutschäden eingesetzt.

terial und holte danach den Esel wieder ab, der den nun leeren Wagen willig nach Hause zog.

An der von uns aus gesehen linken Seite der Straße befindet sich zurzeit noch der freie Platz, auf dem ein neues Hotel der Seetel-Gruppe geplant ist. Wir gehen am besten hinüber, um die andere Straßenseite zu betrachten. Das Haus Frohsinn in der Bergstraße 8, in dem sich heute das Eiscafé Florian befindet, wurde 1898 vom Bäckermeister Dröse aus Neuhof als Wohnhaus mit Bäckerei erbaut. 1902 richtete hier der erste Gemeindevorsteher des Seebades, der Rentmeister Hagemann aus Hannover, sein Amtszimmer ein. Später hieß das Haus Waldburg, dann war es die Pension Frohsinn und während der DDR-Zeit das Bansiner Altersheim.

Die Villa Bergfried in der Bergstraße 9 ließ sich der Bade- und Generaloberarzt Dr. von Zander errichten.

Zur prächtigen Villa in der Bergstraße 10 hieß es 1913 in einer Anzeige:

»Villa Freya – vornehmes Haus im schönsten Teile Bansins direkt am herrlichen Buchenwald gelegen, 1 Minute vom Strande entfernt, mit freiem Ausblick auf die See, bietet den geehrten Badegästen vollständig eingerichtete Wohnungen (...) zu mäßigen Preisen. (...) Empfohlen durch den Deutschen Offizierverein.«

Die Strandvilla Imperator war ein christliches Erholungsheim der Methodistengemeinde und hieß während der DDR-Zeit Haus Neptun. Auf dem Grundstück, wo nach dem Mauerfall das Nachbargebäude Regina-Maris errichtet wurde, befand sich ein großer Garten mit Pavillon.

In westlicher Richtung geht es weiter auf der oberen Bergstraße. Sie ist ein Ausläufer der Steilküste und war noch im Besitz der Aktiengesellschaft Heringsdorf, als von ihrer Kuppe ein Meter abgetragen wurde. Noch tiefer gelegt wurde

Blick in die Bansiner Bergstraße

sie, als die Bansiner hier 1898/99 – in wenig mehr als einem Jahr – die ganze Reihe Hotels und Pensionen bauten. Es waren nur Sommerhäuser, nicht beheizbar, mit offenen Balkonen und »auf Lücke« gebaut, um einen Blick auf die Ostsee zu ermöglichen, einzig der Beherbergung von Sommergästen dienend. Das Konzept für die Gestaltung der Villen wurde vermutlich von den Handwerkern selbst entworfen, da nur wenige Architekten bekannt sind. Heute zum größten Teil liebevoll restauriert, sind diese Häuser, die ganze linke Seite der oberen Bergstraße, das schönste Beispiel für Wilhelminische Bäderarchitektur. Bei der Villa Inselfrieden kann man noch deutlich erkennen, dass die im Original offenen Loggien später durch Fenster verschlossen wurden. Besitzer der Villa Diana war Friedrich Barnheide. Er warb in einer Anzeige:

»*Christliches Haus! Im schönsten Viertel, dicht am Strande und direkt am Walde gelegen, Aussicht auf die See, empfiehlt herrschaftliche Wohnungen von 2–3 Zimmern mit Veranda, Balkon, Küche und Mädchengelass, der Neuzeit entsprechend eingerichtet, Klosett, Wasserleitung und elektrisches Licht im Hause. Jede Wohnung hat abgeschlossenen Korridor. Daselbst Pferdestall mit Wagenremise zu vermieten. Herrschaftliches Fuhrwerk. Molkerei von eigenen Kühen. Ärztlich untersuchte Kindermilch.*«

Architektonisch ist an diesem Haus besonders der mittlere Teil mit den grünlasierten Kacheln interessant.

Auch die Villa Frieda hatte ursprünglich offene Veranden. Die Fenster wurden zum Teil schon in den 1920er-Jahren, oft aber auch nach 1945 eingesetzt, um zusätzlichen Wohnraum für die vielen Geflüchteten aus östlichen Gebieten zu schaffen. Viele wollten nicht weiterziehen, weil sie hofften, in die alte Heimat zurückkehren zu können. Die Bevölkerungszahl der Insel hatte sich 1946 verdreifacht.

Das nächste Haus in der Bergstraße 17 wurde als Villa Labahn erbaut und später als »*vornehme Pension*« mit dem Namen Haus Kurfürst

Beliebtes Fotomotiv: die Villenreihe
in der Bergstraße heute

bezeichnet. Ab 1949 diente es einige Jahre als Kindersanatorium.

Die Villa Belvedere daneben trägt ihren italienischen Namen, zu Deutsch Schöne Aussicht, zu Recht. Sie wurde im Jahre 1900 erbaut und 100 Jahre später umfassend saniert.

Die Villa Carola wurde für den Malermeister Krüger errichtet. Sie besitzt, ebenso wie einige Nachbarvillen, ein Waldhaus, meist kleinere, schlichtere Häuser, die hinter der Villa am Waldrand stehen.

Die Villa Laetitia beeindruckt durch ihren hölzernen Mittelrisalit, der von einem mit Schindeln bedeckten Turm gekrönt wird.

In der Villa Sommerfreude, die um 1900 gebaut wurde, ist das gesamte Treppenhaus mit Zwischentüren und Fenstern im Original erhalten.

Auch an der Villa Artemis finden wir im Mittelteil die grünlasierten Kacheln. Sie wurde unter dem Namen Hubertus für den schon erwähnten Erdmann Barnheide, einem der Gründerväter Bansins, erbaut.

Die heutige Villa Astrid hieß ursprünglich und noch in DDR-Zeiten Haus Bucheck. In diesem Haus wohnte der Lehrer Willi Richter, der ältere Bruder von Hans Werner Richter. Wegen seiner linken Einstellung und entsprechenden politischen Aktivitäten wurde er von den Nazis aus dem Lehramt entfernt. In den letzten Jahren des Dritten Reiches gehörte er als führendes Mitglied einer Widerstandsgruppe an und übergab 1945 im Rahmen und als Mitglied dieser Gruppe auch Bansin kampflos an die Rote Armee. Er wurde der erste Nachkriegsbürgermeister des Ortes und später Schulrat des Kreises. Auch er gehörte zu den Förderern des Bansiner Inselklubs. 1946 sollte Bansin nach Vorstellung der Landesregierung neuer Sitz des Landrates und der Kreiskommandantur werden. Bürgermeister Willi Richter lehnte Bansin als Kreisstadt aufgrund nicht vorhandener Räumlichkeiten ab. Deswegen erfolgte die Verlegung des Landratsamtes im Oktober 1946 nur zwischenzeitlich nach Bansin, dann nach Ahlbeck.

Zurück am Langen Berg 14

Am westlichen Ende Bansins angekommen und kann man den Fischerweg hinunter zum Ausgangspunkt des Spaziergangs gehen. Bleiben wir in der Bergstraße, kommen wir noch an einigen kleineren Hotels vorbei, in der DDR-Zeit waren es meist Betriebsferienheime.

Die Villa Ingeborg auf der linken Seite bewohnte am Ende des Zweiten Weltkrieges vorübergehend Wernher von Braun, der Direktor der Heeresversuchsanstalt in Peenemünde, seit den 1960er-Jahren stand sie als Ferienheim des VEB Braunkohlenwerk Deuben zur Verfügung.

Das nächste Haus, Rolandseck wurde vom Reichsbahnausbesserungswerk Meiningen genutzt.

Direkt hinter dem Strandhotel beginnt dann die Steilküste. Das ist für viele Gäste das Schönste an Bansin: Nur etwa hundert Meter entfernt vom hektischen Badeleben während der Saison taucht man ein in die Stille des alten Buchenwaldes. Besonders reizvoll ist es im Frühjahr, wenn die Veilchen und Anemonen blühen und die Bäume das erste zarte Grün zeigen, oder im Herbst, wenn es nach Pilzen riecht und das Laub in kräftigen Rot- und Gelbtönen leuchtet.

Bleibt man direkt an der Küste, hat man einen herrlichen Ausblick auf die Pommersche Bucht, die Nachbarinsel Wollin und, bei guter Sicht, bis zur Insel Rügen.

Noch vor dem letzten Anstieg auf den Langen Berg, mit 54 Metern die zweithöchste Erhebung an der Außenküste der Insel, führt eine Treppe hinab zum Strand, sodass man direkt am Wasser zurück ins Seebad gehen kann.

Blick vom Strand auf die westliche Villenreihe der Promenade

Literatur und Quellen

- Marion Adomat: Bansin – Von der Gründung bis zum II. Weltkrieg. Schwerin 1998.
- Ulrich Baenz: Ahlbeck – Seebad auf Usedom. Peenemünde 1998.
- Ulrich Baenz/Erhard Rusch: Heringsdorf – Seebad auf Usedom. Peenemünde 1999.
- Hans-Ulrich Bauer: Bansiner Villen in alten Ansichten. Hamburg 2017.
- Hans-Ulrich Bauer: Holzhäuser aus Wolgast – Ikonen der Bäderarchitektur, Teil I Hamburg 2010, Teil II, Heringsdorf 2011.
- Dietrich Gildenhaar: Ahlbeck – Deutsches Ostseebad auf Usedom. Band 2, 1933–2014. Ribnitz-Damgarten 2015.
- Dietrich Gildenhaar: Ahlbeck – Vom Strandfischerdorf zum Seebad. Band 1, 1700–1932. Ribnitz-Damgarten 2014.
- Dietrich Gildenhaar: Auf der Kaisermeile. Heringsdorf o. J.
- Dietrich Gildenhaar: Seebad Heringsdorf – Die Entwicklung eines Badeortes – Ansichten von gestern und heute. Ilmenau 2008.
- Erich Hartwig: Chronik von Seebad Heringsdorf. Meißen 1932, Nachdruck Neubrandenburg 1996.
- Egon Richter: Ahlbeck, Heringsdorf, Bansin – Die Usedomer Kaiserbäder. Schwerin 1998.
- Egon Richter: Die Entwicklung eines Badeortes – Ansichten von gestern und heute. Ilmenau 2008.
- Erhard Rusch: Heringsdorfer Geschichten. Heringsdorf o. J.
- Dirk Schleinert: Die Geschichte der Insel Usedom. Rostock 2005.

Die Autorin

Elke Pupke, geboren 1954 in Bansin, gelernte Bibliothekarin, arbeitete in Heringsdorf, führte ein eigenes Hotel und ist Reiseleiterin und Autorin.

OstseeKrimis von Elke Pupke:
»Die Toten von Bansin«
»Tödliches Geheimnis auf Usedom«
»Die Sturmnacht von Bansin«
»Seebrücke in Flammen«
»Schatten überm Usedomer Achterland«

Bei Hinstorff bereits erschienen

978-3-356-01603-1

978-3-356-02091-5

978-3-356-02202-5

Dank
Die Autorin dankt der Familie Seeck für die historischen Fotografien und Postkarten aus dem Archiv des Ahlbeckers Bernd Keßler.

Bildnachweis
Covermotive: Archiv Bernd Keßler (oben), Mandy Knuth (unten)
Karten S. 12/13, 82/83, 154/155: OpenStreetMap, Open Data Commons Open Database License (ODbL), CC BY-SA 2.0
S. 11: Niteshift, wikimedia.org, CC BY-SA 3.0
S. 81: N3MO, wikimedia.org, public domain
S. 160: Andreas Meenke, gezeichnet von K.Weiß/T.Rystau, wikimedia.org, public domain
Alle weiteren Fotografien: © Mandy Knuth www.fotograefinnen.de

Liebe Leserin, lieber Leser! Wie hat Ihnen die Lektüre gefallen?
Bitte bewerten Sie uns im Internet.

Die Deutsche Bibliothek verzeichnet diese Publikation in der Deutschen Nationalbibliografie; detaillierte bibliografische Daten sind im Internet über www.dnb.de abrufbar.

Lagerstraße 7, 18055 Rostock
Tel. 0381/4969-0
www.hinstorff.de

1. Auflage 2019
Herstellung: Hinstorff Verlag GmbH
Druck: CPI books GmbH
Printed in Czech Republic
ISBN 978-3-356-02232-2